GARR REYNOLDS

THE ART OF STORYTELLING

# 世界最高のプレゼン教室

ガー・レイノルズ

日経BP社

10万年もの間、人間の脳は「相手の話」を
「ストーリー」で理解しながら進化してきたのです。

**USER'S GUIDE**
**DVDを見て、本を読み、実践！**

まずはDVDを見て、
ストーリープレゼンのエッセンスを
体で感じよう！
その後に本を読めば、
最新メソッドとテクニックが
簡単に理解できます。

# DVD CONTENTS

*80minutes*

BOOK

CONTENTS

PART1

# INTRODUCTION

イントロダクション

# プレゼンテーションとストーリーテリングの技術

Presentation & the Art of Storytelling

ガー・レイノルズ

## 「世界最高のプレゼン教室」へようこそ！

皆さん、ありがとうございます。今日は私のプレゼンテーションにようこそ！

本書では、今ビジネスパーソンに最も求められている最新のプレゼンテーションの手法「ストーリーテリング」について、ご紹介したいと思います。日本のビジネス社会では、優れたアイデアが多く生まれていますが、そのアイデアをうまく伝えることについてはどうでしょう？ 相手に効果的に伝える能力が、残念ながら欠けているのではないでしょうか。そのせいで、商談がうまくまとまらなかったり、自分のアイデアが受け入れてもらえなかったりしているケースは多いはずです。これは、とてももったいないことです。

私が提案する「ストーリーテリングを用いたプレゼン」は、聞き手を力強く引きつけ、彼らの注意をそらすこともなく、その後もずっと記憶に残るメッセージを与えることができます。「ストーリーテリング」の技術をしっかりと学べば、ダイナミックなプレゼンターになれるのです。その手法をぜひ学んでください。

# 日本オタクな私の自己紹介「表の顔は〝プレゼンのお手伝い人〟、裏の顔は〝イクメン〟」

最初に私の「自己紹介」から始めたいと思います。私の1番目の仕事からお話ししましょう。私には子供が2人いて、保育園の送迎をしたりするなど、「子供の父親であること」が一番の仕事です。いわゆる「イクメン」ですね（笑）。そして2番目の仕事が「皆さんのプレゼンがもっと良くなるよう、そのお手伝いをすること」です。

現在は奈良に住んでいますが、もともとは米国オレゴン州のシーサイドという町で暮らしていました。当時住んでいた家には日本風の庭があり、池には鯉が泳いでいたほどです。驚きでしょう？ 小さい頃から日本への関心を持ち、その熱は勢いを増す一方で、今では立派な「日本オタク」になっています。住んでいる町の近くからは太平洋が見渡せました。毎日ではないですが、はるか向こうの日本で大暴れするゴジラが時々見えましたよ（笑）。

昔のことをたずね求め、新しい知識を導く
温故知新
on-ko-chi-shin
know the past to know the future

## アップル入社の動機は「ジョブズのプレゼンを学ぶため」

その後来日し、住友電気工業で長く働きましたが、２０００年代初めに米アップルに転職しました。アップルに移った理由の１つは、ＣＥＯ（最高経営責任者）だったスティーブ・ジョブズ氏のプレゼンテーションを学びたいと思ったからです。彼は「プレゼンテーションの名手であり、素晴らしいお手本」です。なぜなら、ジョブズ氏は専門的で複雑な内容を、相手に分かりやすく伝えることに長けていましたから。

例えば、ジョブズ氏はプレゼンで数字を示す時、その数字をとても大きく表示して見やすくしました。データの見せ方も上手で、「予想に対して、どうだったか」など、何かと比較して、相手に分かりやすく見せていました。メディアを通じて、彼のプレゼンを見た方も多いのではないでしょうか。

そんなジョブズ氏と私の共通点と言えば、「日本が大好き！」という点です。彼は若い頃にインドを旅した経験があり、その時に仏教を学んで日本に興味を持ったのだと思います。禅からの影響も強く受けているし、日

本文化にも感銘を受けている。私も、「茶道」「生け花」「墨絵」といった「禅芸術」は大好きです。

日本は素晴らしい国です。デザインやクリエーティビティーに関心がある人にとって、日本はたくさんの刺激と学びを与えてくれます。プレゼンに生かすことだってできると思います。

## ジョブズの警告

「日本大好き！」の私には、特に好きな四文字熟語があります。「温故知新」。ご存じの通り、「過去を振り返ることで、今抱えている問題解決の糸口を見つける」という意味ですね。では実際に、過去のプレゼンから学んでみましょう。

私が高校生の頃はコンピューターがなかったので、何かをプレゼンテーションしようと思ったら、スライドを1枚ずつ見せるしかありませんでした。例えば、「芸者」や「舞妓」「京都」についてプレゼンする場合は、上のような見せ方になるでしょうね。良いビジュアルの見せ方でしょう？

しかし、現代で、例えば大学の教授が同じようにプレゼンをしたら、次ページのようなスライドになるでしょう。うーん、これは文字だらけで聞

き手には見にくい。とてもじゃないですが、話の理解を深めてもらえるとは思えません。

こんなスライドの使い方では、1枚、2枚と進むにつれて聞き手は、眠気を催すはずです。これはビジネスの場面でもよく見かけるプレゼンスタイルですが、本来の目的を達成しているとは言えません。

生前のジョブズ氏はかつて、こんなことを言っていました。

「話の内容を十分に把握しているなら、パワーポイントを使う必要はない」

つまり、自分の言葉だけで、聞き手に話を十分伝えることができるなら、わざわざパワーポイントといったツールを使う必要はないということです。パワーポイントやスライドを使うことは、むしろ逆効果で、聞き手を退屈させてしまうことがあるわけです。

## パワーポイントによる〝死〟

箇条書きを多用した結果、複雑なスライドを用いたプレゼンがもたらすのは、「パワーポイントによる〝死〟」です。米マイクロソフトの共同創業

写真:Ron Wurzer/Getty Images

者で、現在は慈善活動を行う「ビル&メリンダ・ゲイツ財団」の会長も務めるビル・ゲイツ氏は、皮肉なことに、この「パワーポイントによる死」の発明者でした。

ゲイツ氏の名誉のために言い添えておくと、現在、プレゼンの腕前は大分上達しています。しかし、かつてはプレゼンが上手ではありませんでした。パワーポイントで作った「箇条書きのスライド」を読むというやり方がとても多かった。これはゲイツ氏に限らず、ビジネスシーンでよく見られるプレゼンのやり方です。しかし、こうしたプレゼンでは、自分の伝えたいことが聞き手になかなか伝わりません。

なぜ、こうしたプレゼンをしてしまうのか。

原因の1つは、「パワーポイントの機能」でしょうね。ソフトを開くと、まず「タイトルを入力」という画面が目に飛び込んできます。「1枚のスライドに箇条書きで記入できる機能」も用意されていますよね。「さあ皆さん、奮って〝複雑なスライド〟を作りましょう!」と言わんばかりです。

その誘い文句に乗ってこれらの機能をうっかり活用してしまうと、その先の未来に待っているのは…。そう、プレゼンするあなたを、飽きて疲れ

果てた視線で見つめる聞き手の姿です。聞き手にそうした事態を招かせるのは絶対に避けるべきです。

朝イチの会議でスライド、昼前の会議でスライド、夕方の会議でスライド…、そして夢にまでスライドが出てくる…。電車で眠っているビジネスパーソンをよく見かけますが、パワーポイントを使って作られたこうしたスライドを、1日中見せられ続けたからでしょう（笑）。

〝悲劇〟は、ビジネスの場に限りません。大学、高校、中学校、小学校、あるいは専門スクールなど、ありとあらゆる学校で、「退屈な授業」は大きな問題です。日本は特に講義＝先生から生徒への一方通行のコミュニケーションスタイルが中心なので、学生が飽きてしまう授業が多いのではないでしょうか？ でもこうした講義中心の授業は、もう通用しません。学生たちに、主体的に参加してもらう必要があるわけです。

私も大学で学生に教える機会がありますが、学生たちに分かりやすく話を語るのは当然として、彼らに意見を求めたり、ビジュアルを見せたりして、話を進めるようにしています。

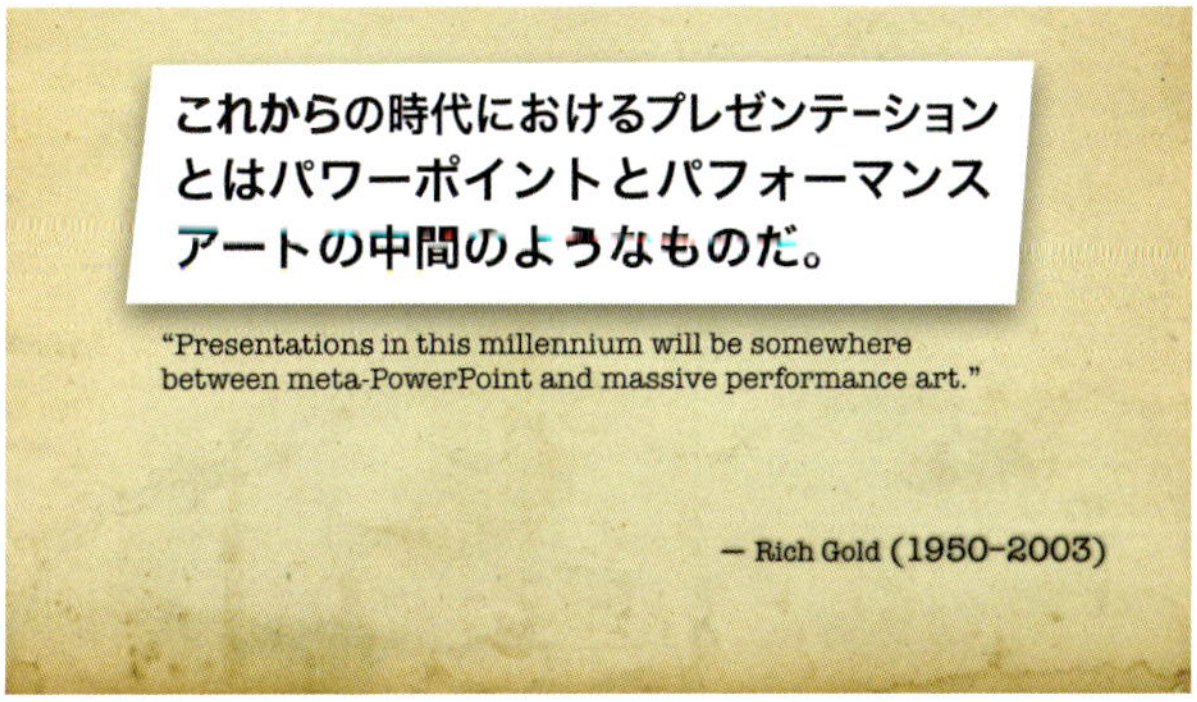
これからの時代におけるプレゼンテーションとはパワーポイントとパフォーマンスアートの中間のようなものだ。
"Presentations in this millennium will be somewhere between meta-PowerPoint and massive performance art."
— Rich Gold (1950-2003)

## 聞き手を引きつけるプレゼンとは？

これまでお話ししたように、聞き手を飽きさせるプレゼンは最悪です。では、逆に「自分の話を分かりやすく伝え、聞き手を引きつけてやまないプレゼン」とは一体、どういうものでしょう。

レーザー印刷など、世界トップレベルの技術を世に生み出してきた「ゼロックスパーク」という研究所をご存じですか？１９７０年代、アップルはよくこの研究所からアイデアを入手していました。

そのゼロックスパークにいた研究者、リッチ・ゴールド氏は「プレゼンテーションの未来はどうなっているか？」という問いかけに対して、こう答えています。

「これからの時代におけるプレゼンテーションとはパワーポイントとパフォーマンスアートの中間のようなものだ」

箇条書きで埋め尽くされたスライドを使って、単に情報を伝えるだけではいけない。〝物語〟＝ストーリーを語り、そのストーリーをビジュアルでどう表現するかが、問われてくると言っています。

# STORY
## ストーリー

それでは、「ストーリー」とは一体、何でしょうか。そしてなぜ、ストーリーが重要になるのでしょうか。次章以降で、じっくり解説していきたいと思います。

PART2

# WHY

なぜストーリーが重要か

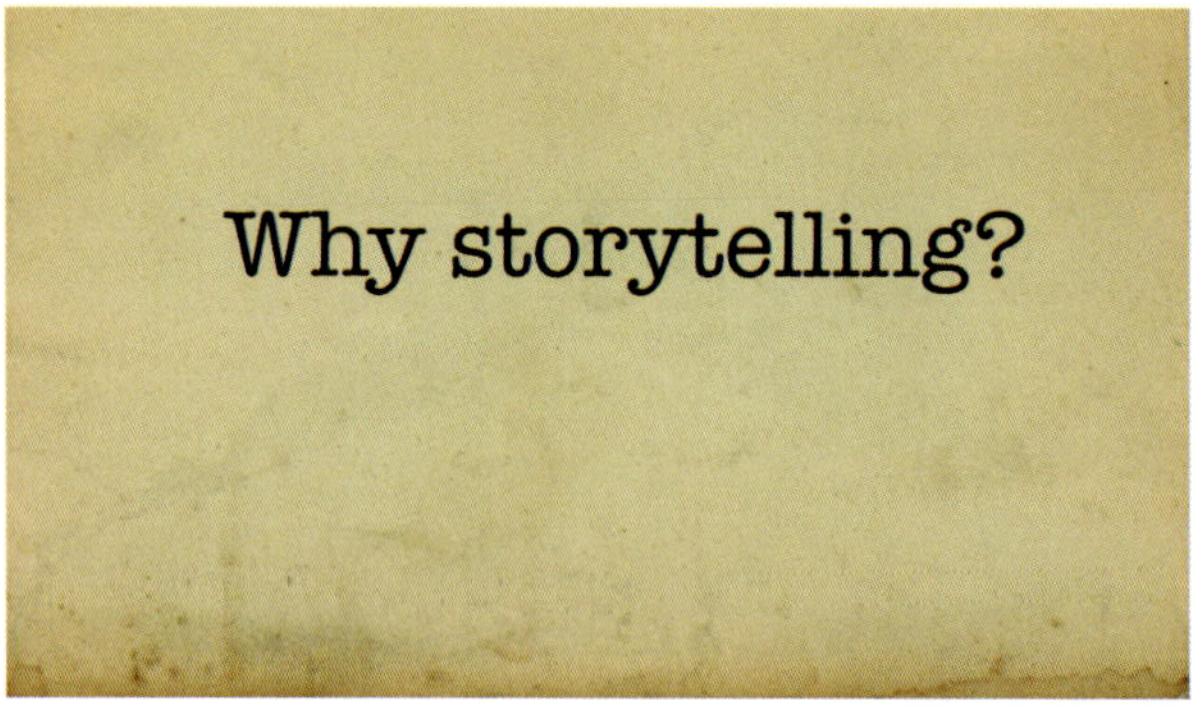


## 脳はストーリーに反応する

プレゼンテーションでは、「ストーリー」がカギを握るとお話ししました。ストーリーとは「物語」のことであり、「何かについて話をする時、その物事の背景について語っていくこと」です。自分の考えを伝えるうえで、「このストーリーを語ること」は、とても効果的で大切なことになります。なぜだと思いますか？

それは、私たちの脳が「ストーリーに興味を示す」ようになっているからです。

## 10万年間、情報は「ストーリー」で伝えた

『ストーリープルーフ』という本の著者で、科学者のケンダル・ヘイブン氏は「ストーリーを語ることの効果」を研究し、その研究成果についてこう述べています。

「私たち人類は、10万年もの間、『ストーリーを話すこと』で情報を伝達してきた。だから、私たちの脳は話を『ストーリー』として捉えるようにできている」

「世界で最も影響力がある」と言われているシナリオ講師、ロバート・マッキー氏も、同じようなことを指摘しています。著書『ストーリー』の中で、「ストーリーを語ることは、世界最古の文学『ギルガメシュ』の最初の物語が紹介された４０００年前から繰り返し行われた」と。ホモサピエンスが地球に存在して10万年と言われていますが、その間、かなり長いこと、人は「ストーリーを使って相手に伝えること」をしてきた。「文字を書いて、相手に伝えること」をするようになったのは、〝つい最近〟のことなのです。

かつては、例えば隣の村に虎が現れた時、その虎に注意するよう呼びかけるために、人々は「ストーリー」を語ってきました。「虎がいかに獰猛で、それによって過去にどんな被害を受け、どう注意しなければならないか」。ストーリーを語ることは、それだけ説得力があり、パワフルなことなのです。

今、米ニューヨークで、「ストーリー」が注目を集めています。この「ストーリー」を語ることを目的とした「ＴＨＥ　ＭＯＴＨ」というグループもあります。このグループは毎月定期的にイベントを開催し、参加者はストーリーを語ります。興味がある人は、ぜひ公式サイト（https://www.

themoth.org/）をのぞいてみてください。

それにしても、なぜ彼らは自分たちのグループ名を「ＭＯＴＨ（蛾）」と名づけたのでしょうか。それは「私たちがストーリーに引き寄せられる様子」が、「炎に引き寄せられる蛾」に似ているからです。炎に引き寄せられる蛾のように、私たちはストーリーに引きつけられる――。本当に良いネーミングだと思います。

しかし、皆さんはこう思っているでしょう。「上司のところへ行き、『箇条書きばかりのスライドではなく、ビジュアルを用いたプレゼンテーションで、ストーリーを語ろうと思うんです』と伝えたら、上司からは『何を言ってるんだ？』と一蹴されるだろう」と。安心してください。上司を説得するに足るだけの「ストーリーが有効である」証拠があります。

米国の有名な経営誌「ハーバード・ビジネス・レビュー」も、「パワーポイントや統計に頼ってプレゼンをするのはやめよう。相手と最も深いレベルで関わるには、ストーリーが必要だ」と主張しています。世界のビジネスシーンで、「ストーリーを駆使したプレゼン」が求められているのは間違いありません。

## ストーリーは感情に触れる

単なる情報伝達ではない、ストーリーだからこそ持っている役割、それは「感情に触れること」です。

聞き手に何かを感じさせることが重要で、伝える内容がデータや数字であってもそれは変わりません。『ストーリーテリングのリーダーシップ』という本の著者、ステファン・デニング氏は世界銀行に長く勤め、経営幹部に名を連ねていました。

世界銀行と言えば、数字がすべてで、論理と、それを証明するデータをとても重視します。そんな〝データ思考が強く、官僚的な組織に勤めていた〟彼ですら、こう語っているのです。

「大きな変化を実現するために管理職たちに働きかける時に、唯一効果があったのはストーリーを語ることだった」

プロの脚本家の本やアドバイスからも、多くを学べます。『MY STORY CAN BEAT UP YOUR STORY!』という本を書いた脚本家のジェフリー・シュヒター氏も、こんなことを言っています。

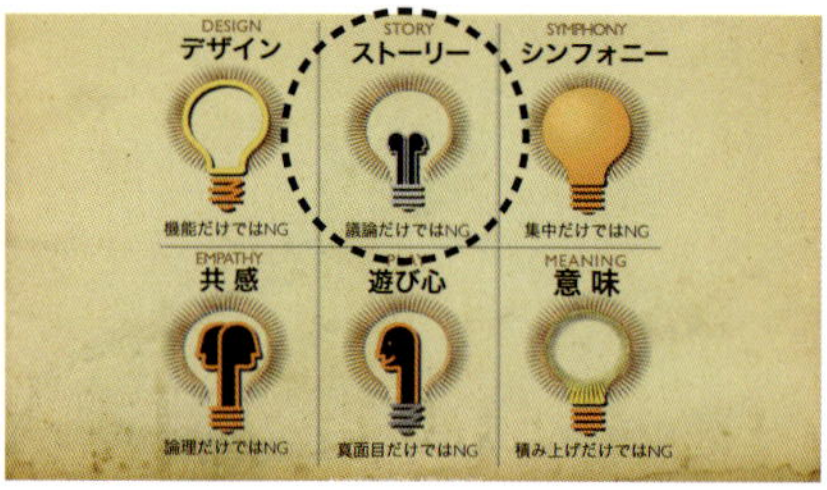

「神経生物学、言語学、ニューラルネットワーク（神経回路網）、情報科学など、様々な分野の研究成果で、『ストーリーテリング』が最も効果的な情報伝達方法であるということが証明された」

先ほどご紹介した科学者のケンダル・ヘイブン氏も、こんな言葉を残しています。

「ストーリーは、人類の経験を有意義にしている基本形態である」

つまり、この世の中の様々な意味を知ることができるのは、「あなたが語るストーリー」「私たちが耳にするストーリー」からだということです。

## 「ストーリーを語る力」が求められている

クリントン政権下でゴア副大統領の首席スピーチライターを務めていた、文筆家のダニエル・ピンク氏をご存じでしょうか？『ハイ・コンセプト』（三笠書房）という、日本でもベストセラーになった本を書いています。この『ハイ・コンセプト』には、「今の時代に成功するために必要な6つの能力」が書かれていて、「デザインを理解する力」「バラバラなものをつなぎ合わせて調和する力」「共感する力」「遊び心を持つ力」「生きがいを持つ

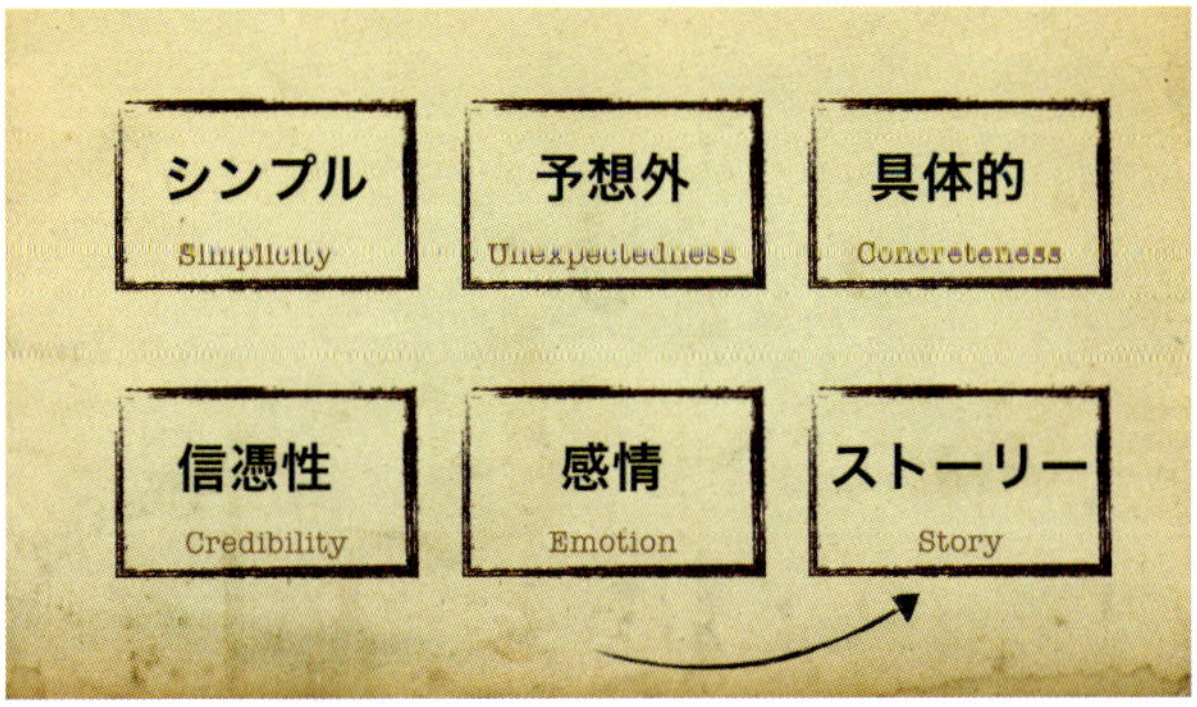
シンプル
Simplicity
予想外
Unexpectedness
具体的
Concreteness
信憑性
Credibility
感情
Emotion
ストーリー
Story

力」の5つと並んで、「ストーリーを語る力」を挙げているのです。

ベストセラー『アイデアのちから』(チップ・ハース、ダン・ハース共著、日経BP社)でも、同じようなことが書かれています。本書では、「記憶に残るメッセージ」に必要な6つの要素を挙げています。

①「シンプル、つまり単純明快で分かりやすいこと」
②「相手の予想を裏切ったり、上回ったりする意外性があること」
③「具体的であること」
④「信憑性があること」
⑤「感情に訴えること」
⑥「ストーリーを持っていること」

あなたのメッセージは、ストーリー性を持つことで、より記憶に残りやすくなるのです。特に「誰かに何かを説得するシーン」、例えば「新しいアイデアを提供する」「新製品を紹介する」時に、ストーリーはとても効果的です。「ストーリー」には聴衆にインスピレーションを与え、モチベーションを上げる効果があるのです。

**プレゼンの4タイプ**

| | | |
|---|---|---|
| 1 情報の伝達 | ＝ | 情報のみを伝える |
| 2 知識の共有 | ＝ | 何かを教えたり説明したりして、聞き手の知識を向上させる |
| 3 問題解決による説得 | ＝ | 問題を認識させ、解決するよう説得する<br>➡ **ストーリープレゼン** |
| 4 インスピレーション | ＝ | 感情に触れ、聞き手にインスピーレションを与え、考え方や行動を変えさせる |

「ストーリーを語ること」がどんなに効果的かが、分かっていただけたでしょうか。

## プレゼンの4つの手法と、「ストーリー」の位置づけ

プレゼンそのものについても、説明しておきましょう。プレゼンには、4つのタイプがあります。

「情報の伝達」「知識の共有」「問題解決による説得」「インスピレーション」です。

ビジネスのプレゼンは、「聞き手を説得すること」を目的とするケースがほとんどのため、「ストーリー」を使ったアプローチが有効であるケースが非常に多いのです（「3 問題解決による説得」）。ただ、ほかの3つの方が好ましいケースもあるので、この4つのプレゼンの手法をおさらいしておきましょう。

## 1　情報の伝達

**効果的なケース**　**決算報告、プロジェクトの進捗状況、ニュース**

目的が単なる情報伝達であっても、過去のデータや競合と比較して、そこから得られる〝驚きの要素〟をハイライトすることで、聞き手の興味をより引きやすくなります。

例：「会社の決算報告において、今期の売り上げは前年同期に対してマイナス5％だった。しかし市場全体では平均マイナス20％であることを踏まえると、マイナス5％の我が社は、まだ健闘している方だと言える」

## 2 知識の共有

**効果的なケース** セミナー、研修、トレーニング

ノウハウを教えたりする場では、「短いエピソード」や「具体例」を紹介することで情報を補足し、聞き手の理解を深めることができます。この本で紹介しているストーリーを使ったアプローチと同じように、効果的である可能性もあります。

例：「AED（自動体外式除細動器）が、具体的にどんなシチュエーションで活躍したかについて、先日起きたケースをここで共有します。学校のグラウンドで野球の練習をしていた生徒の胸に強い打球が当たり、その生徒は倒れて意識不明になりました。しかし、グラウンドの隅にAEDを設置していたおかげで、その場にいたコーチがすぐに処置し、少年は一命を取り留めることができました」

## 3 問題解決による説得 = ストーリープレゼン

**効果的なケース** **新しいアイデアのビジネスプレゼン**

聞き手に「こちらの望む行動」を起こさせるために、〝ビジネスにおけるストーリー〟という観点で問題解決を提示します。この本で紹介するストーリープレゼンは、最も効果的な状況です。

例：「当社からは、夕食デリバリーサービスをご提案いたします。食事は栄養のバランスが取れているのが理想ですが、ビジネスパーソンは外食で済ませているのが現状です。それは、調理に割ける時間が圧倒的に足りないからです。夕食の支度を簡単にするために、下調理した食材をレシピと一緒に配達すれば、健康な食事を提供できます」

写真：Science Photo Library/アフロ

## 4　インスピレーション

**効果的なケース**　スピーチ

聞き手のモチベーションを上げたり、刺激を与えたりするのが目的。感情を揺さぶられた聞き手に、新しい変化（行動・考え方）が生まれます。こちらも、ストーリープレゼンは有効。

例：スティーブ・ジョブズのスピーチ

すべてのプレゼンには、これら4つの要素があり、どれに比重を置くかでプレゼンの手法は違います。例えばノウハウを教えるレッスンでも、「聞き手が得ている情報が有益である」ことを説得する必要があるかもしれません。あるいはセールストークでも、インスピレーションを与え、その後の数日間で聞き手のモチベーションを上げる効果があるかもしれません。

## プレゼンの目的は何か?

- 情報を伝えるだけか？（**＝１ 情報の伝達**）
- 聞き手に新しい知識を与えようとしているのか？（**＝２ 知識の共有**）
- 相手に新しいアイデアや状況を受け入れてもらい、商品やサービスの購入を促すのか？（**＝３ 問題解決による説得**）
- インスピレーションを与えるのか？（**＝４ インスピレーション**）

先ほどお伝えしたように、４つの中で、**「ストーリー」を用いる方法が向いているのは、「３　問題解決による説得」と「４　インスピレーション」**です。この本ではビジネスシーンで必要となる**「３　問題解決による説得」**にフォーカスします。

**「１　情報の伝達」**の場合は、主題に関する新しい情報を提供することが目的なので、最も直接的な表現を用いて、事実のみを伝えるのが望ましいでしょう。

**「２　知識の共有」**の場合は、端的に分かりやすく、短いエピソードを伝える必要があります。

**「４　インスピレーション」**は、相手の感情に強く訴えることが求められるので、話し手自身の「経験」や「感情」を積極的に出すといいでしょう。

このように、プレゼンの準備段階で「（プレゼンをする）目的が何か」を見極めることが大事です。

LESSON 1

# ストーリーの「パワー」を知る

## 「ストーリー」で語るメリット

Point 1

### 人間の脳は、ストーリーに興味を示す

人類は10万年もの間、情報を口頭で伝達してきた。情報は物語や逸話という形で語り継がれてきたので、「人間の脳」は「情報をストーリーで捉える」のに適した構造に進化した。

Point 2

### データや論理よりも、伝達力が強い

口頭で語り継いでいくためには、記憶に残らなければならない。そのために最も効果的な方法は、「ストーリーを語ること」である。

## 4つのプレゼンを知る

Point 1

### プレゼンには4つのタイプがある

そもそも、プレゼンには「情報の伝達」「知識の共有」「問題解決による説得」「インスピレーション」の4つがあり、それぞれ、効果的な状況は違う。

- **情報の伝達**…決算報告、プロジェクトの進捗状況、ニュース
- **知識の共有**…セミナー、研修、トレーニング
- **問題解決による説得**…新しいアイデアのプレゼン
- **インスピレーション**…スピーチ

Point 2

### ビジネスシーンでは「ストーリーを語ること」が効果的

ビジネスのプレゼンでは「聞き手を説得する」ケースが多く、「問題解決による説得＝ストーリープレゼン」が向く。

PART3

# WHAT

ストーリープレゼンとは何か

## パーティーでのつまらない話は「ストーリー」か？

ストーリーとは一体、何でしょう？ この章では、ストーリーをストーリーたらしめている「ストーリーの構造」について、詳しく学んでいきましょう。

問題意識を持ちながら読み進めると理解が深まりますので、最初に皆さんに質問をします。この章を読み終えれば、答えは簡単に分かります。

次の一文はストーリーでしょうか。

「朝起きて、朝食を食べて、電車で通勤して、報告書を書いて、帰宅して、夕食を食べて、夜10時に寝た」

あなたがパーティーや懇親会に出席した時に、誰かと話していて退屈した経験があると思います。もしかしたら、その人の話はこんな感じだったのかもしれません。起こった事実を説明していますが、さて、ストーリーと言えるのでしょうか。では、始めましょう。

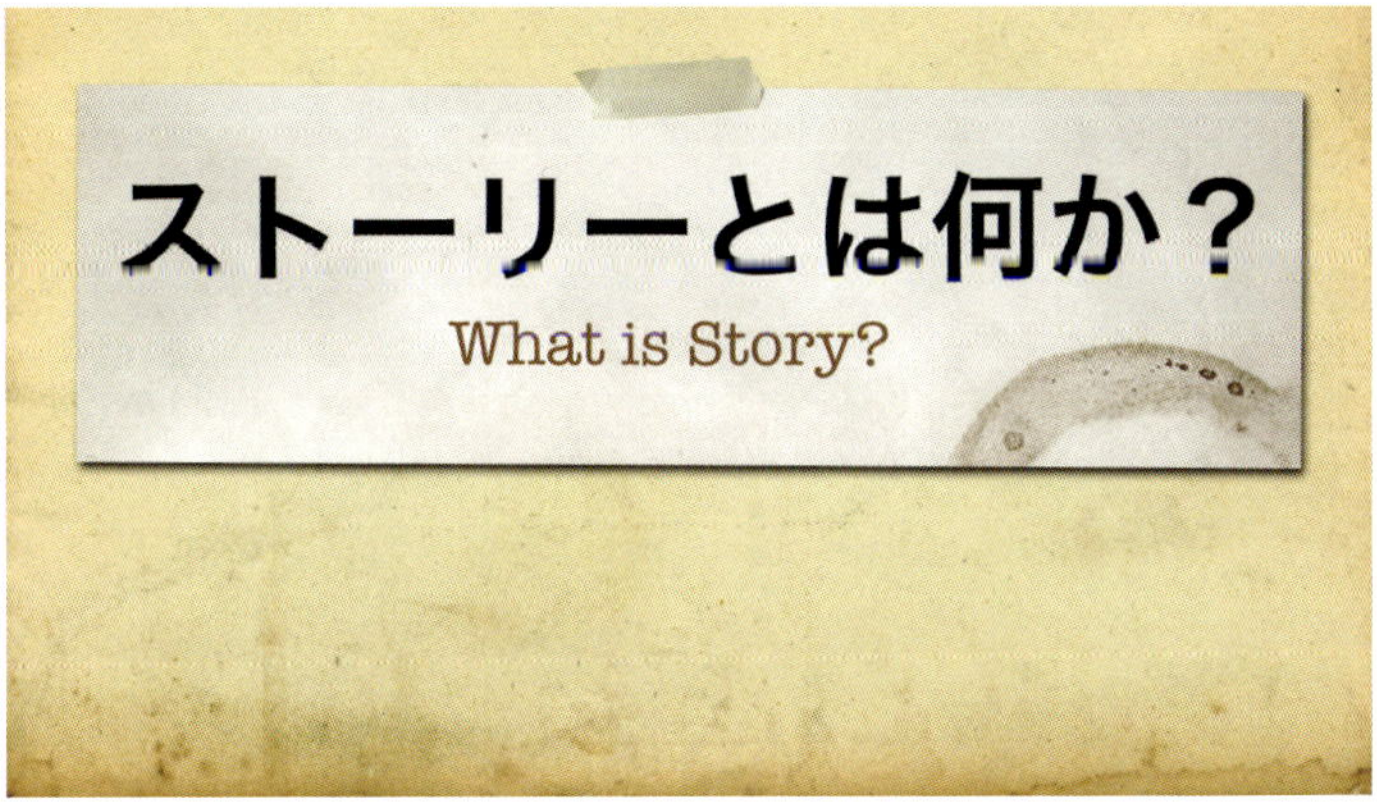


## これはストーリーか？

朝起きて、朝食を食べて、電車で通勤して、報告書を書いて、帰宅して、夕食を食べて、夜10時に寝た。

## ストーリーは「8つの要素」で、できている

まず一般的に、話には、

①「序章」
②「中盤」
③「終盤」

の3つがあります。

これは、古代ギリシャの哲学者であるアリストテレスが確立した法則で、「論理的に物事を思考する」時や、「論理的な文章を作成する」時に、この法則を生かすと効果的です。ただ、話がこの3つの展開で終わってしまうのは、物足りないですよね。

先ほどの「朝起きて、朝食を食べて、電車で通勤して、報告書を書いて、帰宅して、夕食を食べて、夜10時に寝た」も、

朝起きて、朝食を食べて → 序章
電車で通勤して、報告書を書いて → 中盤
帰宅して、夕食を食べて、夜10時に寝た → 終盤

と3つに分けられますが、面白くはない（笑）。

「朝起きて、朝食を食べて、電車で通勤して、
報告書を書いて、帰宅して、夕食を食べて、
夜10時に寝た」

「朝・自宅」「日中・会社」「夜・自宅」と、
大まかに時系列で分けると…

序章 朝

**朝起きて、朝食を食べて**

中盤 日中

**電車で通勤して、報告書を書いて**

終盤 夜

**帰宅して、夕食を食べて、夜10時に寝た**

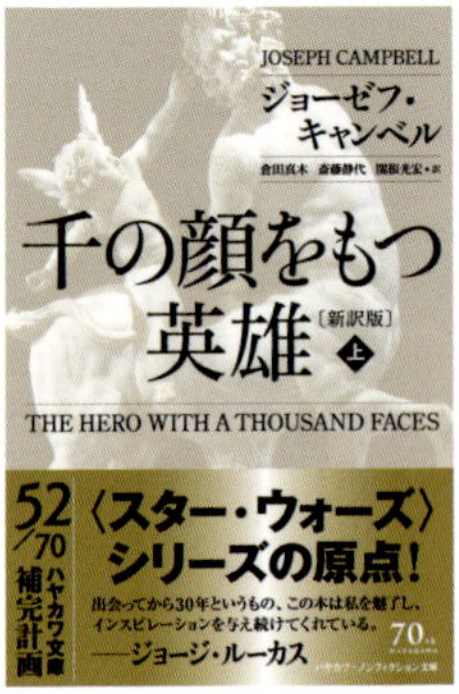


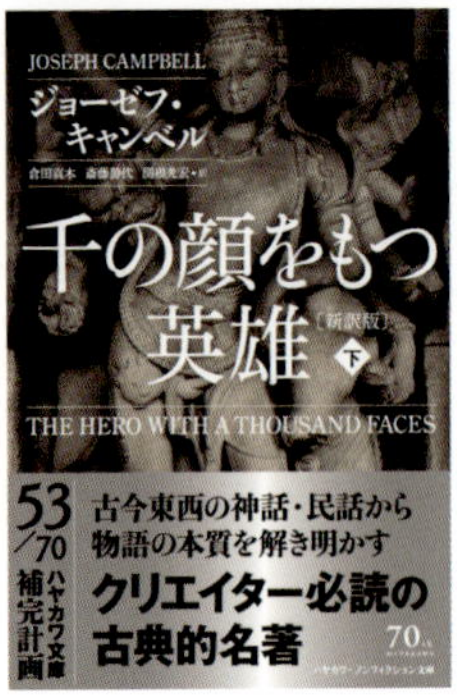


では、聞き手に物足りなさを感じさせることなく話に引き込むには、どうすればいいでしょうか？

実は世界中のあらゆる神話には「ストーリー」があり、すべて同じ構造をしています。その構造をまとめたのが「モノミス理論」です。ストーリーは「冒険へのいざない」に始まり、「試練への道」や「女神との遭遇」「終局の報酬」などを経て、「生きる自由」で終わるというのが骨子となっています。

このモノミス理論は歴史が古く、4000年前から存在しています。ジョーゼフ・キャンベル氏という神話学者が、『千の顔をもつ英雄』（早川書房）という本を書き、一般に知られるようになりました。

映画監督のジョージ・ルーカス氏は、この本に影響を受けた1人です。映画「スター・ウォーズ」の脚本作りに苦労していた時に、この本に出合って、開眼したそうです。旧3部作の第1章「スター・ウォーズ　エピソード4　新たなる希望」は、驚くほどこのモノミス理論に沿って展開していきます。黒澤明監督の作品も、モノミス理論に沿っているものが多いです。

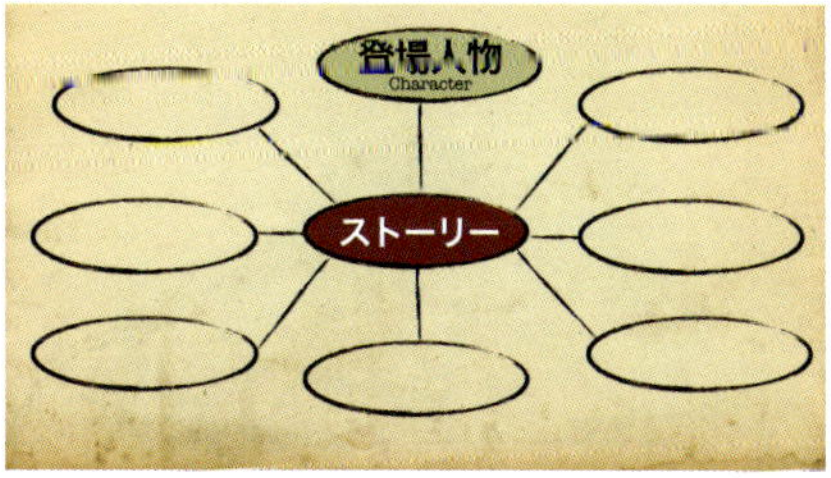


ビジネスシーンで語るストーリーの場合、私は8つの要素をカバーする必要があると考えています。それが、これから紹介する8つです。

1つずつ紹介していきましょう。**まずは「登場人物」です。**

必ずしも「人間」である必要はありませんよ（笑）。映画『トイ・ストーリー』のようにおもちゃかもしれないし、犬や猫かもしれない。ここで大切なのは、ただの登場人物ではなく、その人物に聞き手が関心を寄せられるかどうかということです。「好き」になってもらう必要はありませんが、「この登場人物に、何が起きるのだろうか」と興味を持ってもらう必要はあります。

## 選手の背景を知れば、観戦をより楽しめる

登場人物に興味、関心を抱いてもらおうとする仕掛けは、オリンピックの放送でも頻繁に行われています。テレビやラジオで何かの競技を中継する時、アナウンサーや解説者は実況を伝えるだけではなく、選手自身についての「話」に多くの時間を割きます。なぜでしょうか？

それは、視聴者が「選手の人となり」について理解を深めれば、競技観

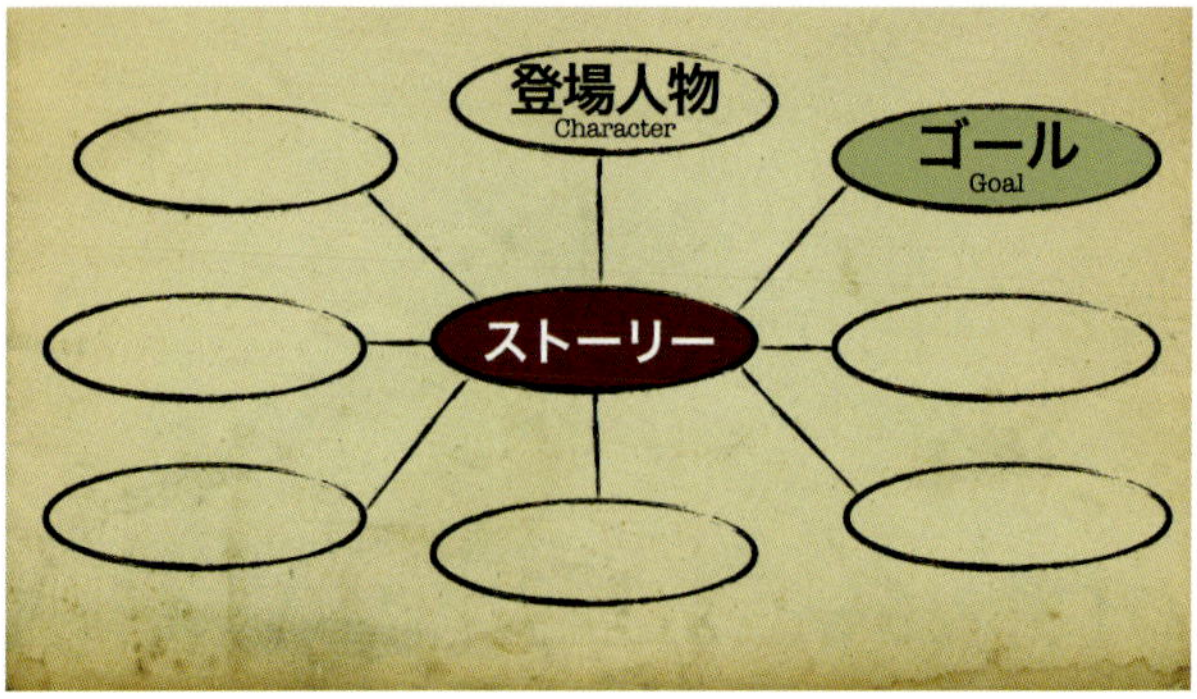


戦がより面白くなるからです。

２０１６年のリオデジャネイロオリンピックでは、シンガポールに初の金メダルをもたらした水泳選手、ジョセフ・スクーリング選手が印象的でした。痩せ細っているように見える少年が、20個以上のメダルを持つ米国の伝説的な水泳選手、マイケル・フェルプス選手を倒して金メダルを獲得したのは話題になりましたね。スクーリング選手がシンガポールで生まれ育ったこと、14歳で渡米したこと、米テキサス大学に進学したことなど、彼のこれまでの経歴を知っていると、試合をより楽しめるようになります。

つまり、登場人物についての「背景の物語」は、とても大事だということです。プレゼンでは、人々が関心を持てるだけの情報を集めましょう。

**2つ目が「ゴール」です。**

登場人物が何を目指しているのか、何のために行動しているのか。分かりやすく映画で例えれば、「プリンセスを救出せよ」や「悪の巣窟を破壊せよ」などがこれに当たります。

**3つ目が「衝突」です。**

登場人物がぶつかり、葛藤する障害です。20ページで紹介した『ストー

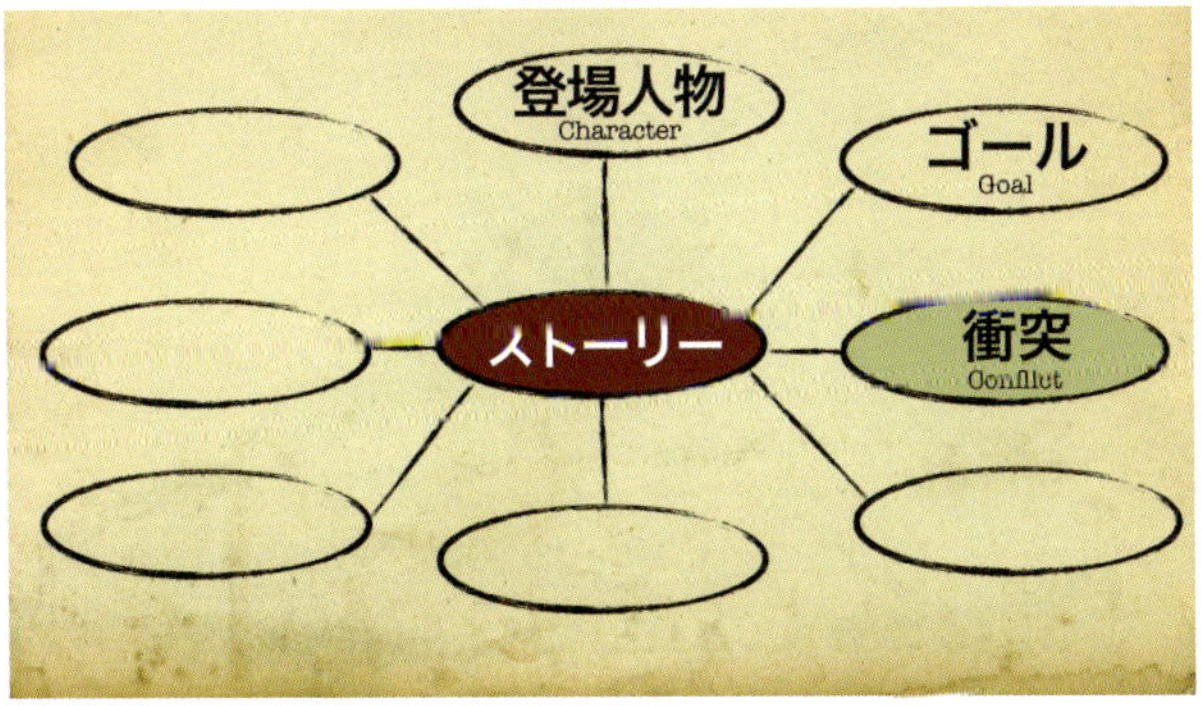


リープルーフ』には、こんなことが書かれています。

「葛藤はエネルギーであり、ストーリーのエンジンにもなる」

葛藤する障害がなければ、ストーリーは成り立ちません。もし、あなたが誰かのストーリーを聞いて、「物足りない」「あまり共感できない」と感じたとします。それはその誰かが、登場人物がどんな背景の持ち主で、どんな問題や葛藤を抱えているかを、あなたに明確に見せられなかったことが原因だと言えます。

葛藤は、問題解決に取り組む際に設定します。自分の心の中に相反する欲求や感情が存在し、いずれを取るかを迷うことは、経営者の自伝などでもよく登場します。様々な場面で起きる葛藤は、聴衆も自分事として経験したことがあるため、聴衆の心を引きつけます。データや事実をただ並べるだけではいけません。〝葛藤の文脈〟をきちんと押さえることが重要です。

## 「苦労のない人生」はつまらない

「登場人物」「ゴール」「衝突」と来て、さて次は何でしょう。そう、**衝突**

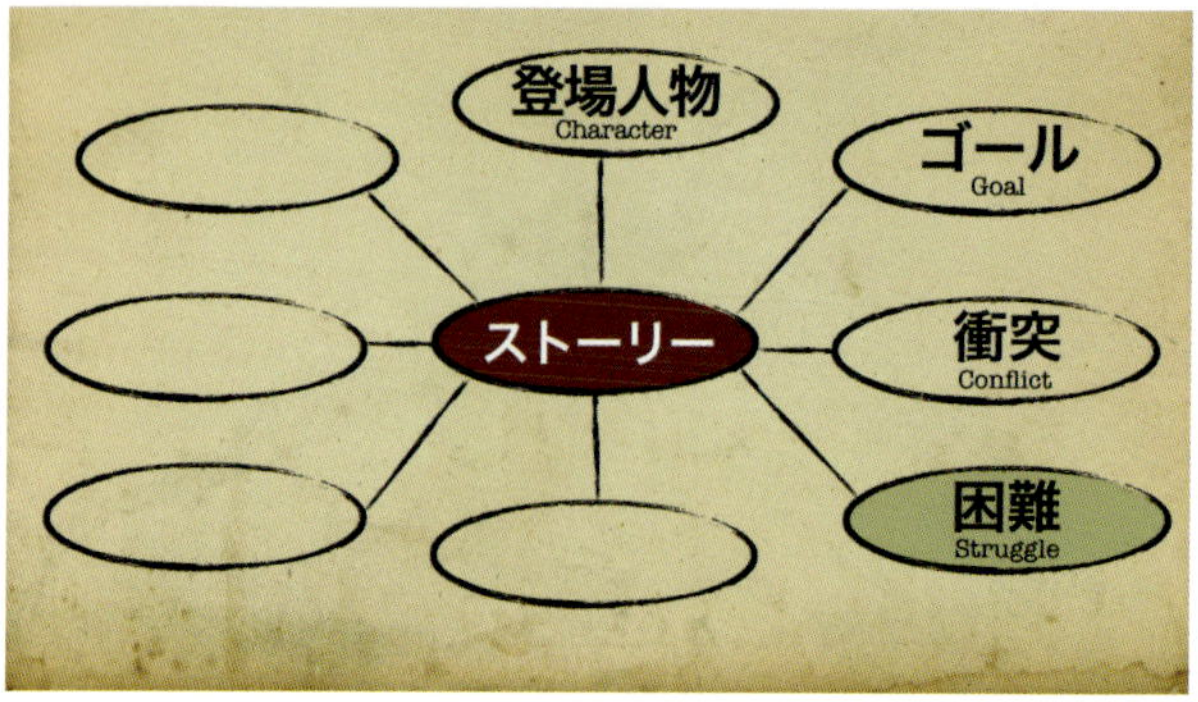


**があれば、結果として4つ目の「困難」が生まれます。**

苦労のない人生なんて想像できますか？　そしてそれは面白いストーリーでしょうか？　あなたの人生はどうですか？

「裕福な家庭に生まれ、学校や会社には父親のコネで簡単に入り、社長になった。美人の妻がいて、お金もあり余るほど持ち、友人もたくさんいる。悩みなんて1つもありません」

こんな話は人を退屈させるだけで、面白いとは言えませんね。人は成功話ではなく、失敗話により関心を持つのです。その失敗を乗り越えるためにどんな苦労をしたのか。「逆境を克服する過程」に多くの人は引き込まれ、そのストーリーの印象をより深いものにします。苦労、困難の話をプレゼンに盛り込むことはとても大事です。

例えば、広告会社やマーケティングの仕事をしている人が、消費者に商品を売り込もうとします。その際、「この商品が他社製品よりも優れている点がある」ことよりも、「この商品の開発には、どれだけの困難があったのか。それをどうやって突破できたのか。そうして作られた商品を使うことによって、こんなにあなたの生活が便利になる」という点を強調した方が、

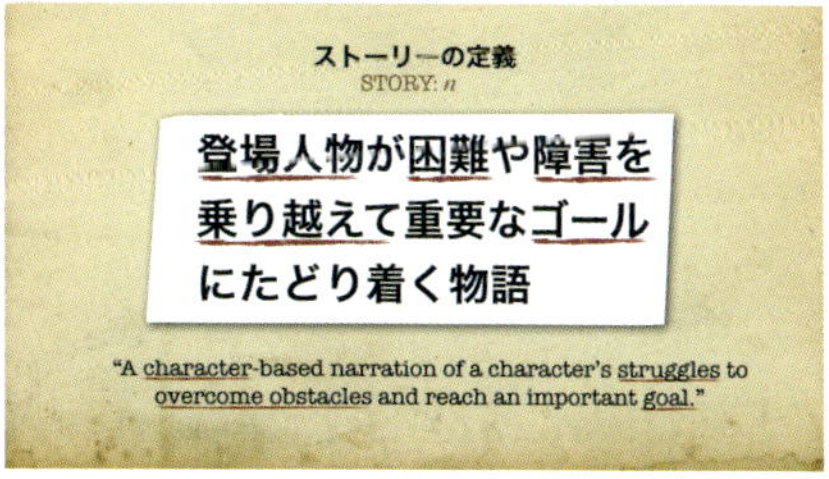


多くの消費者に受け入れられるでしょうね。

## 猫探しに奮闘する少年

登場人物、ゴール、衝突、困難。これまでに紹介した4つの要素は、ストーリーを決定づける際にとても重要なものです。ストーリーは、「登場人物が困難や障害を乗り越えて、重要なゴールにたどり着く物語」とも言えます。この4つを使って、試しにストーリーを作ってみましょう。

「あるところに、猫が好きな少年（＝登場人物）がいました。猫を飼っていて、猫の名前はフラッフィと言います。かわいくて、いつも一緒にいます。猫は彼の親友のような存在です。どこへ行くにも猫を一緒に連れていきます」

「そんなある日、猫が行方不明になりました。逃げてしまったのです。何てこった！　彼は猫を見つける旅に出かけなければいけません（＝ゴール）。早速旅立ったところ、目の前には壁が立ちはだかります（＝衝突）。そう、障害です。壁の向こうからは愛猫の鳴き声が聞こえます」

「さあ、彼は問題に直面しました。まず自力でよじ登ろうと試してみます。でも苦労します、できません（＝困難）。自信も能力もないので登れません。さあ、どうするでしょうか？」

「ここで私たち営業担当者の登場です。私たちは営業して商品を売ろうとしています。ここで私たちが手を貸します。この商品のロープを提供しましょう。さあ、主人公がこの商品を使ってどうなるか、まだ少し苦労しています。さあ乗り越えるか。がんばれ。…やった、乗り越えた。フラッフィを取り戻しました！」

これが登場人物、ゴール、衝突、困難の一例です。とてもシンプルですが、この4つの要素が押さえられているだけで、引き込まれますよね。

## TEDで絶賛された2人の話の共通点

人を強く引きつけるには、残り5〜8の4つの要素も、非常に重要になってきます。

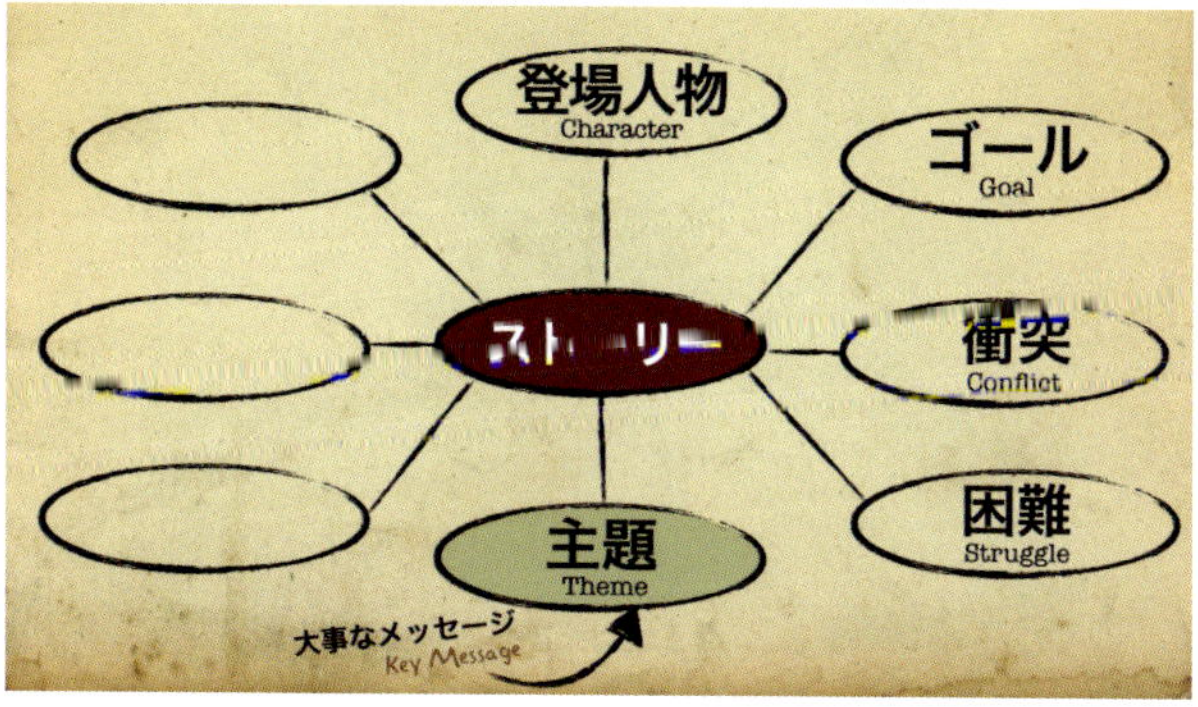


**5つ目は「主題」です。**

主題とは、「大事なメッセージ」を指します。プレゼンを通して、本当に伝えたいことは一体何か？　明確なテーマやメッセージ＝主題を心の中でしっかりと描きましょう。

「自分が伝えたいこと」をしっかりとプレゼンしたことで、多くの人から共感を得た例を紹介しましょう。

ＴＥＤという団体をご存じでしょうか。かなり有名になったので、多くの方が耳にしたことがあるかと思います。ＴＥＤは米国のカリフォルニア州モントレーなどで年1回、ＴＥＤ Ｃｏｎｆｅｒｒｅｎｃｅ（テッド・カンファレンス）という講演会を主催している団体です。過去には、元米大統領のビル・クリントン氏や、英ヴァージン・グループの創業者であるリチャード・ブランソン氏、アイルランド出身のロックバンドU2のボーカリストであるボノ氏など、世界的に著名な人物がプレゼンをしてきました。

２０１３年に日本の京都で開催された「ＴＥＤｘＫＹＯＴＯ」では、私の2人の友人が講演しました。その1人が西倉めぐみさんというドキュメ

# 明確なテーマを持つこと

Have a clear theme

ンタリー映画監督です。

彼女の映画、「ハーフ」を見たことがある人もいるかもしれません。彼女は母親が米国人で、父親が日本人です。プレゼンでは、自分自身が「ハーフである」ことの苦労について語っていました。彼女はこれまでずっと、ほかの人と違うことで、居場所のなさや生きづらさを感じていた。そこで、「ハーフをテーマとした映画を作ろう」と考え、その制作過程で、「ハーフであること」「日本人であること」の2点について問い続けたそうです。その結果、「ハーフである自分を受け入れることで、他人にもあるがままの自分で構わないのだと主張できることに気づいた」というメッセージを伝えました。

そしてもう1人がパトリック・リネハンさんという米国人外交官で、第44代米大統領、バラク・オバマ氏の友人でもあります。２０１１年から２０１４年まで、大阪・神戸アメリカ総領事を務めていました。彼が話したのは、自分自身がゲイであること、それによって少年時代、新入社員時代にいじめられ、いかに嫌な思いをしたかを話しました。しかし、そうした苦難を乗り越え、人と人は「違い」があるから素晴らしく、互いの「違う部分」を尊重しようと主張します。

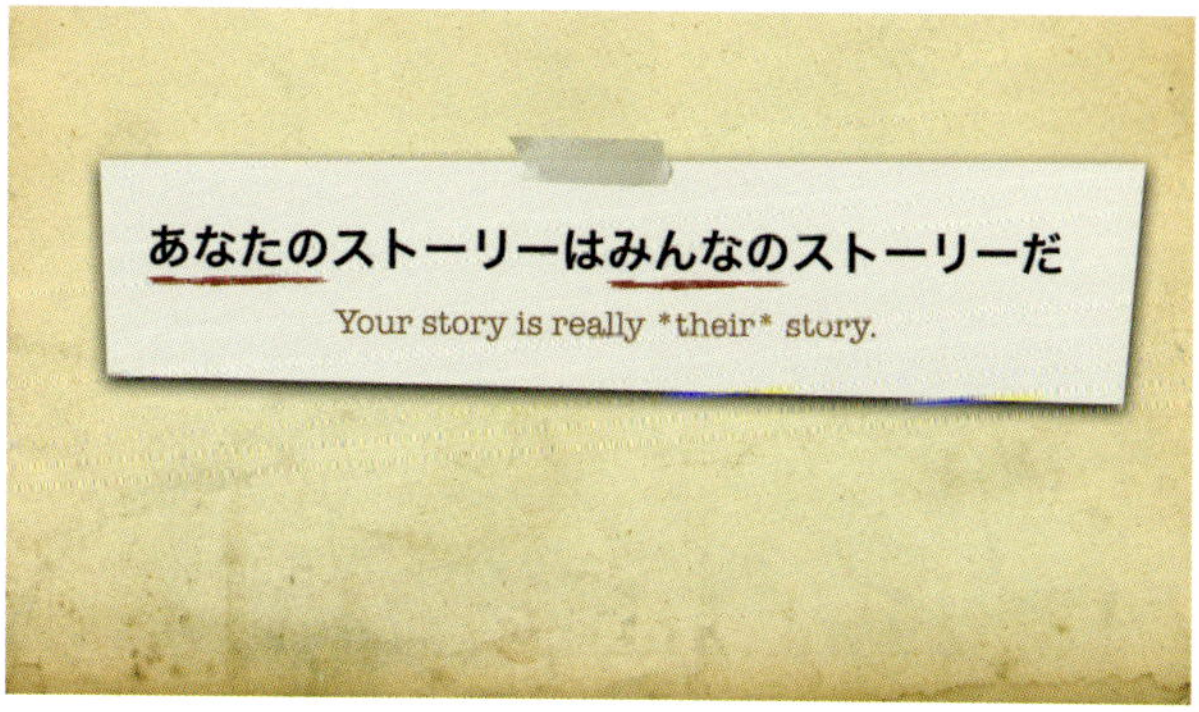


## 「ストーリーに共感してもらえるか」がカギ

2人ともポジティブなメッセージでしたが、話の筋は大きく違います。しかし、メッセージは同じですね。それは、他者と違うことに対する苦労を経験して気づいた「違うことを尊重しよう」というものです。これが「主題」であり、「大事なメッセージ」なのです。

聴衆は、この2人に特に共鳴していました。会場にハーフやゲイが多かったわけではありません。人々は、めぐみさんとパトリックさんの「私たちはみんな違う」という主張に共感したのです。

聞き手を引きつけたいのなら、「あなたのストーリー」が、「みんな（＝聞き手）のストーリー」でなければなりません。そこでカギを握るのが「共感」です。

「自分のストーリーが共感してもらえるかどうか分からない」と思うなら、自分自身に問いかけてみてください。聞き手があなたと同じ経験をしていなくても、あなたの話から学ぶことがあるかどうか。聞き手の経験とは異なっていても、学ぶことがあればいいのですから。また、ゴールにたどり着くまでの苦労や困難を示すことができれば、より深く伝わるはずです。

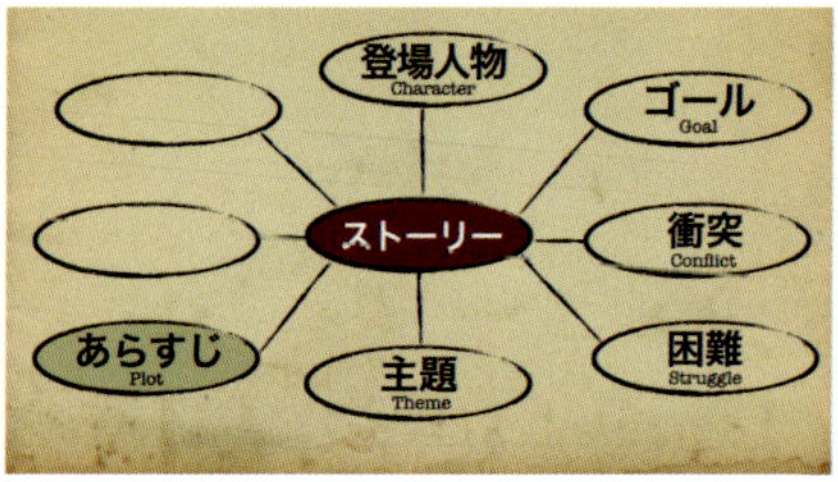


## 「山あり谷あり」の繰り返し

ストーリーの8つの要素も、残すところ、3つです。**6つ目は「あらすじ」です。**

「あらすじ」は、簡単に表せば〝何が起きるか〟と言い換えられます。何らかの感情や勢い、エネルギーを生み出す出来事の順序が「あらすじ」です。

例えば映画の場合、あらすじは線グラフで表すと、次ページのようになるでしょう。まず、背景を簡単に説明する「導入」があり、時間が進むにつれ緊張感が徐々に増してきます。「問題になる出来事」「危機」といった出来事が起こり、細かなアップダウンを繰り返してジェットコースターのように勢いを増し、ヤマ場に向かっていくわけです。「山あり谷あり」とも言いますね。

話の内容に説得力を持たせるには、このように、あらすじに「山」と「谷」を作ることが大切です。考えてみてください。どんな映画でも「良いこと」や「成功」があり、そして次に「ピンチ」や「失敗」がやってきま

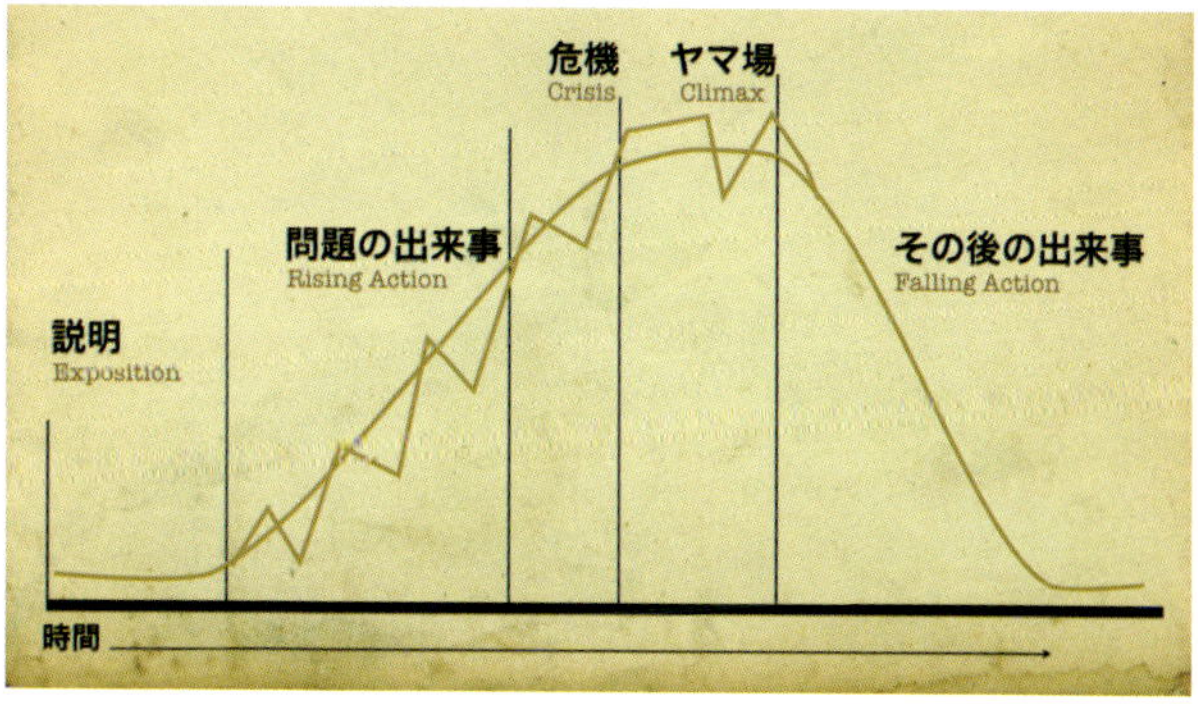


す。

皆さんは映画「スター・ウォーズ」を覚えているでしょうか？

銃で撃ち合っていた主人公のルーク・スカイウォーカーと仲間たちがゴミだめに逃げ込むシーンがあります。仲間の1人、チューバッカは「くさい！」と叫びます。実際は「ウォー」でしたけどね。そしてさらに、仲間のハン・ソロが「臭いなんて気にするな！」と言い、全員がゴミの中に落ちます。

何とか敵から逃げ出すことに成功し、一安心。と思いきや、そうはいきません。逃げた先には別の怪物がいて…。そう、「山あり、谷あり」の繰り返しなのです。

スポーツが好きな人が多いのも、やはり「山あり谷あり」に魅力を感じるからではないでしょうか？　なぜ、私たちはスポーツを見るのが好きなのでしょう。高額なチケット代を払って、なぜ他人が試合をしているのを見ているのでしょう？

それは自分を〝同化〟させているからです。スポーツには、人生と同じようにアップダウンがあります。「逆転は難しい」と諦めている状況でも、逆転するというドラマティックな展開が起こり得ることは、皆さんもご存

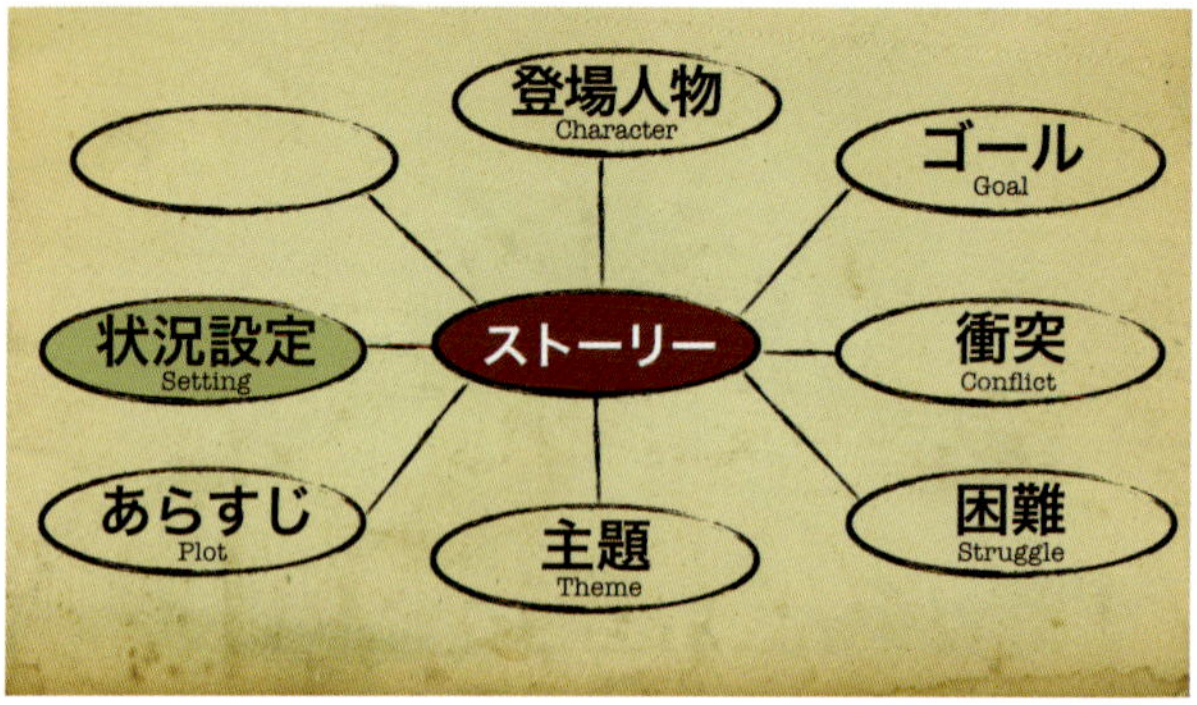


じでしょう。言い古された表現ですが、「スポーツとはまさに人生」です。だから、オリンピックに関心が集まるんですね。先ほど1つ目の「登場人物」のところで選手の〝裏話〟が紹介されるという話をしましたが、人々は「アップダウン」が好きで、求めていることも理由でしょうね。

プレゼンテーションにおいては、

「使用前／使用後」「過去／未来」「当時／現在」「問題点／解決法」「紛争／平和」「成長／衰退」「悲観主義／楽観主義」

といった2軸で物事を強調し、「聞く人を引きつけるエネルギー」＝「山あり谷あり」を見せることができます。聞き手を自然な形であなたの話に引き込み、メッセージをより印象づけましょう。自分のストーリーにどうやってアップダウンをつけられるか、考えてみてください。

## 「状況設定」と「変化」

**7つ目は「状況設定」です。**

これも、プレゼンに必要な基本情報ですね。「いつ」「どこで」「どんな様子だったか」。「その日は晴れだった」「海は荒れていた」というような、そ

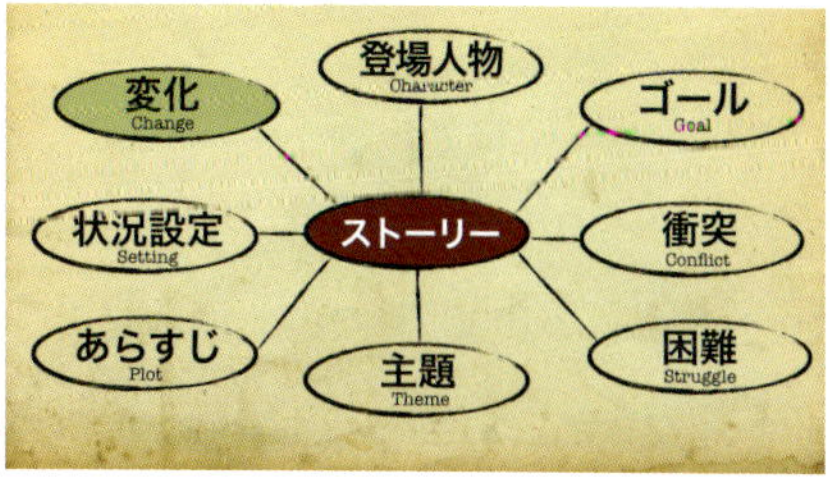


の時の状況です。

**最後の8つ目は「変化」です。**

これはとても重要な要素です。変化がなければ、ストーリーにはなりません。同点続きのサッカーの試合を見たことがありますか？　0対0、3対3といった試合ではつまらないですよね。

変化には、外的変化と内的変化があります。映画であれば、状況が次々と変わるのが「外的変化」、主人公の内側にある気持ちや性格、ものの見方などの変わりようが「内的変化」です。この変化に伴い、映画を見ている人の気持ちも変化します。

この変化をプレゼンに当てはめると、どうなるでしょうか。

あなたが、新しいアイデアや商品を聴衆に提案するとします。例えば、研修の方法を「講義スタイル」から、全員が自主的に参加する「セミナースタイル」に変更しようという提案だとします。

聞き手は「講義スタイルはもう古い」という問題意識が欠如しているので、最初は抵抗するでしょう。あなたが、「セミナースタイル」の利点を話

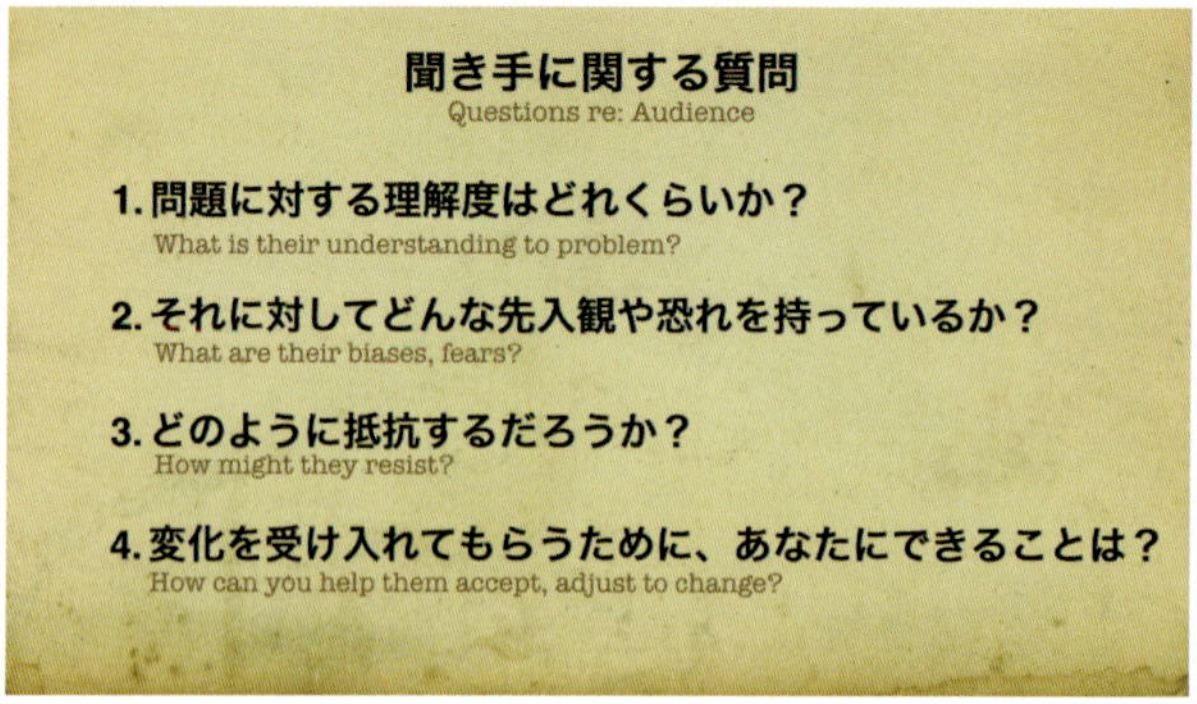
聞き手に関する質問
Questions re: Audience
1. 問題に対する理解度はどれくらいか？
What is their understanding to problem?
2. それに対してどんな先入観や恐れを持っているか？
What are their biases, fears?
3. どのように抵抗するだろうか？
How might they resist?
4. 変化を受け入れてもらうために、あなたにできることは？
How can you help them accept, adjust to change?

すうちに聞き手の意識は変わってきますが、それでも変化を恐れる人がいて、その提案に全員が賛同するようにはならないでしょう。

そこであなたは、聞き手が持つ〝恐怖〟を克服できるような手助けをしなければなりません。「こんなアイデアがあるから、変えることはできる」と「外的変化」を説明し、聞き手自身に「私たちは変わることができる」という「内的変化」を起こさせるのです。

そのためには、聞き手のことをしっかりと理解している必要があります。

プレゼンする前に、自分自身に次の質問を問いかけてみましょう。

1　問題に対する聞き手の理解度は、どれくらいか？
2　聞き手は、どんな先入観や恐れを持っているか？
3　提案に対して、聞き手はどんな抵抗を示すか？
4　変化を受け入れてもらうために、自分ができることは何だろうか？

特に4つ目の問いかけは、とても重要です。相手の立場に立って物事を考えなければなりません。

**人を強く引きつけるストーリーには、これまで説明してきた8つの要素**

**「朝起きて、朝食を食べて、電車で通勤して、報告書を書いて、帰宅して、夕食を食べて、夜10時に寝た」は、「ストーリー」ではない。**

**なぜなら、ゴールも、衝突も、困難も、主題もない**

**が必要です。**ストーリーを使ったプレゼンを考える時には、まずこれらの要素を押さえているか、確認するようにしましょう。

## パーティーでのつまらない話は「ストーリー」ではない

「朝起きて、朝食を食べて、電車で通勤して、報告書を書いて、帰宅して、夕食を食べて、夜10時に寝た」

章の冒頭で、この一文はストーリーかどうかを、皆さんにお尋ねしました。「登場人物」はいるものの、関心を引き寄せられない。ゴールも、衝突や困難も、主題もない。

答えは、もうお分かりですね。

LESSON 2

# ストーリーの「構造」を知る

## ストーリーを作る「8つの要素」

Point 1

### ストーリーには「型」がある

世界中のあらゆる神話は同じ構造をしている（モノミス理論）。それを簡潔にした「8つの構成要素」を押さえておけば、問題解決型のストーリーを作ることができる。

Point 2

### 最初に押さえるべき4つの要素

まず必ず押さえるべきは**「登場人物」「ゴール」「衝突」「困難」**の4つ。これらがなくては、ストーリーとして成り立たない。

Point 3

### ストーリーに流れと深みを出す

次に**「主題」「あらすじ」「状況設定」「変化」**の4つを加え、流れと深みのあるストーリーを作る。「主題」は「大事なメッセージ」で、プレゼンを通して一番伝えたいこと。曖昧にしないで、しっかり考えよう。

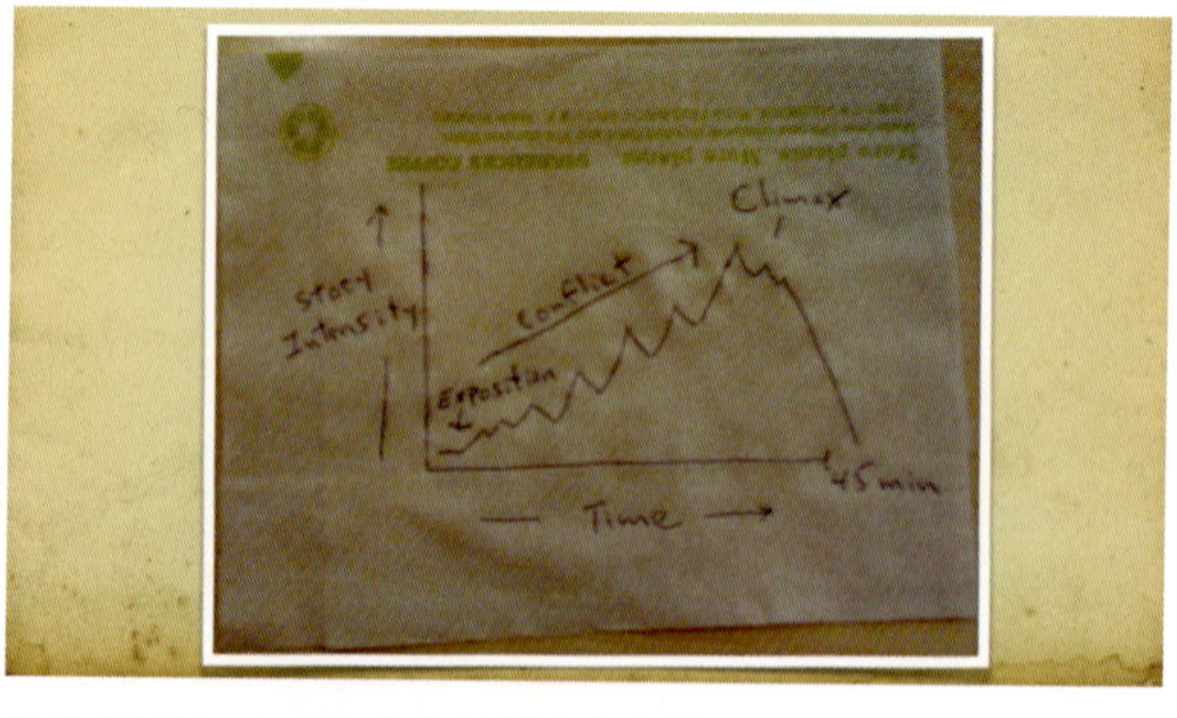


あらすじは、小さな山あり谷ありを繰り返しながら、徐々にヤマ場に向かっていく必要がある。写真は、レイノルズさんの自筆によるその軌跡。

PART4

# HOW

## ストーリープレゼンの作り方

## ストーリープレゼンのポイントは「準備」に時間と労力をかけること

この章では、ストーリープレゼンの「組み立て方」について学びます。「社内でのアイデアの提案」「顧客への商品の売り込み」「TEDで披露する20分程度のプレゼン」など、シーンを問いません。

プレゼンの「準備」から見ていきましょう。プレゼンとは、〝氷山〟のようなものだと思ってください。氷山は、海面から出ている「〝氷山の一角〟」と、海中に隠れている「巨大な氷山」からできていますね。聞き手の前でプレゼンする時間は、せいぜい20分から30分が一般的でしょう。

しかし、この20～30分は〝氷山の一角〟なのです。その2倍を優に超える時間と労力を、準備に費やす必要があります。プレゼンの名手、スティーブ・ジョブズ氏は、1～2時間の講演に対して、何週間もかけて準備をしていたと言われています。

準備を入念にしておけば、話す内容やスライドに盛り込むデータをすべて熟知できます。万が一、スライドのデータを保存しているコンピュー

コンピュータの電源を切る
Turn off the computer

ターがフリーズしても、慌てずに済みます。冷静な状態で、プレゼンを続けられるのです。

## 作業は「アナログ」から始める

では、準備で最も大切なことは何だと思いますか。それは「考えること」です。

作業の第一歩は、プレゼンテーションのテーマについてのアイデアを、大雑把だったり、抽象的だったりしても構わないので、とにかく考えること。テーマと直接関係あるかどうかは、この時は厳密に考えなくてＯＫ。その時、パソコンの電源は切って、アナログ環境で考える作業に没頭することがとても重要です。パソコンの電源をつけっぱなしにしていてはいけません。メールが届くたびに思考が邪魔されて、せっかく良いアイデアが浮かんでも忘れてしまいます。

ジョギングが好きな人は、その時間を活用してもいいでしょう。走りながら考えれば、問題について深掘りできます。

本書のキーワードである「ストーリー」つながりで余談をお話しすると、

小説家も「考えること」をとても大事にしています。以前、米国の小説家とやり取りする機会がありました。彼はミステリー小説家で、「小説を上手に書くコツは何か」と質問してみたのです。

彼の答えは「考える時間を持つこと」。

小説を書き出す前の段階で、付箋などを使ってアイデア出しをするのですが、さらにその前に、まず「考える」のだそうです。

十分に考えたら、この小説家のように、考えた内容をメモします。付箋やホワイトボードに書いて、アイデアを膨らませましょう。

私が自宅兼オフィスでプレゼンの準備をする時は、アイデアを付箋に書いて壁に貼るようにしています。これなら、いつでも自由に動かすことができて便利です。思考の整理に役立ちます。毎年10月、英オックスフォード大学に招かれて講義をしていますが、彼らも付箋を使って発表のアイデアをまとめています。付箋を使えば、グループでの共同作業が簡単にできるのも利点ですね。

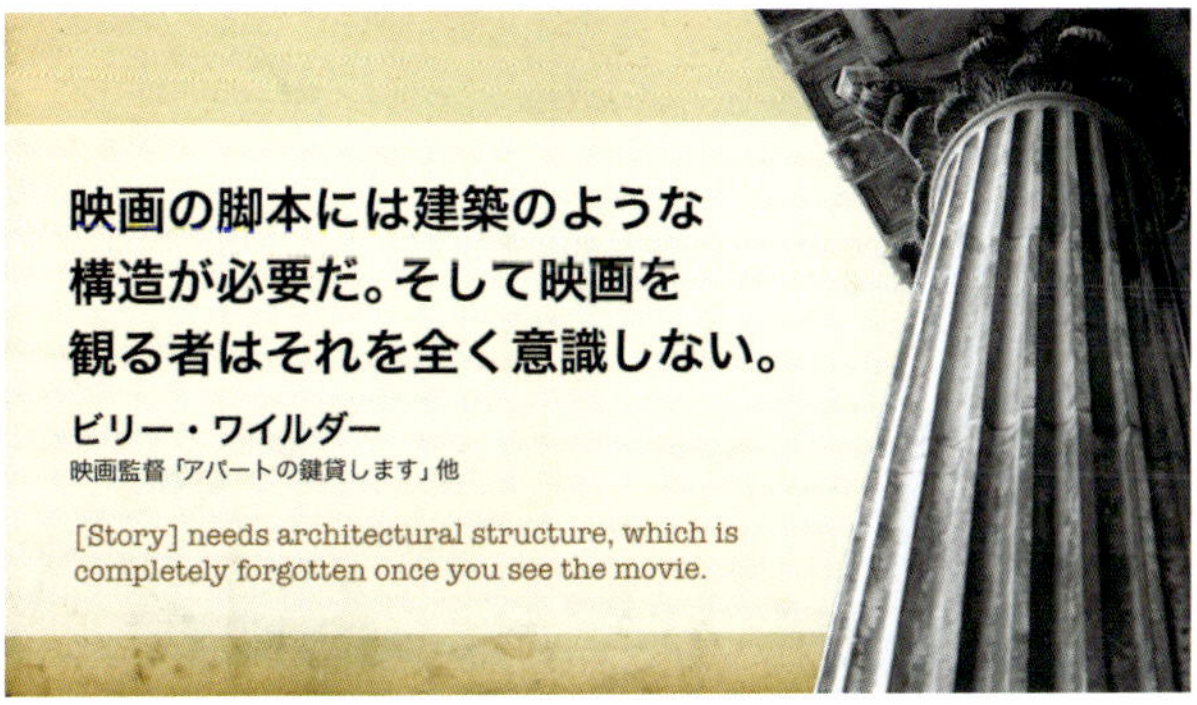
映画の脚本には建築のような構造が必要だ。そして映画を観る者はそれを全く意識しない。
ビリー・ワイルダー
映画監督「アパートの鍵貸します」他
[Story] needs architectural structure, which is completely forgotten once you see the movie.

## ストーリープレゼンの「構成」は〝黒子〟

こうしてアイデアが出揃ったら、具体的にプレゼンをどう構成していけばよいのでしょうか。

知っておいてほしいのは、しっかりした構成が不可欠とはいえ、それを聞き手がことさら意識しないでいられるようにするのが理想という点です。

私の好きな映画監督の1人にビリー・ワイルダー氏という人がいます。マリリン・モンロー主演の「お熱いのがお好き」などが代表作です。そのビリー氏がこんなことを言っています。

「映画の脚本には建築のような構造が必要だ。そして映画を観る者はそれを全く意識しない」

プレゼンをする際、「これから『ゴール』の説明に入ります」「さあ、これが『衝突』ですよ」などと口にしてはいけません。突然、〝専門用語〟を耳にする聞き手の集中力を奪うだけです。

プレゼンをしっかりとした構成で組み立てれば、聞き手はプレゼンの内容を深く理解できます。それで十分なのです。

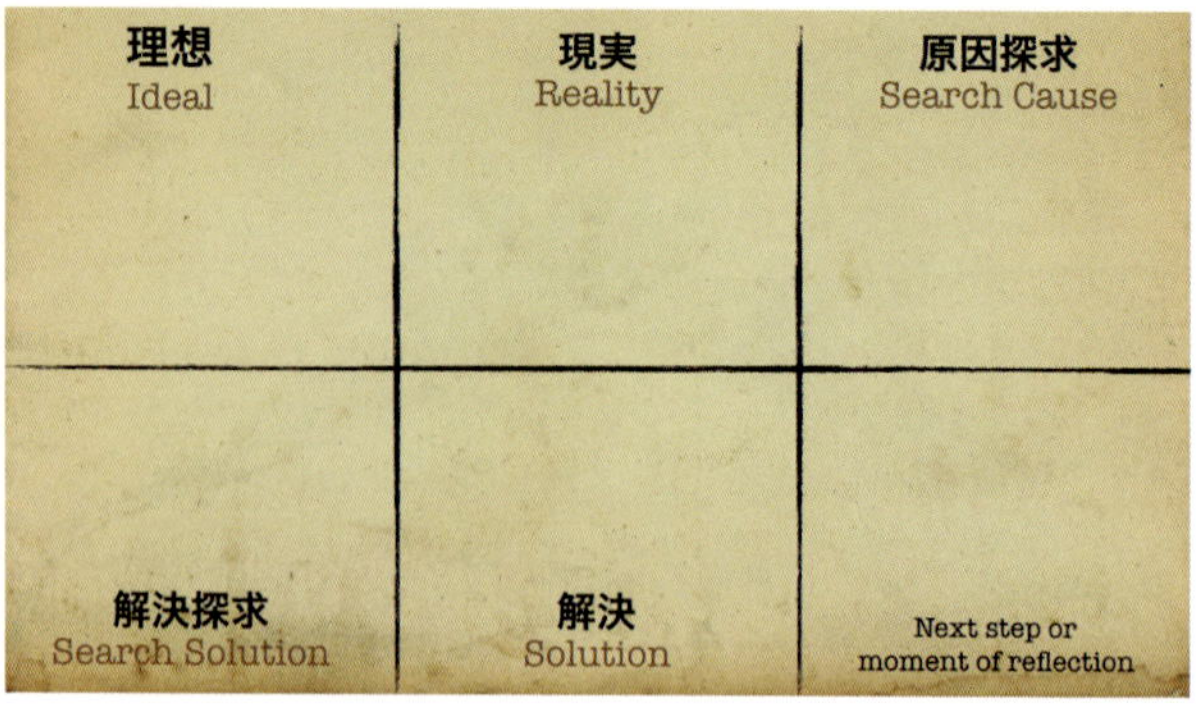


## ストーリープレゼンの「型」

では、実際にプレゼンの構成を考えてみましょう。

まず、優れたストーリープレゼンには、「型」があることを知ってください。どれかが不足したり、順番が入れ替わったりすると、人を引きつける効果を最大化できないので、非常に重要です。

**ストーリープレゼンの「型」は「6つの構成要素」が展開します。**

**ストーリープレゼンの「型」の構成要素**

**①理想**
**②現実**
**③原因探求**
**④解決探求**
**⑤解決**
**→⑥聞き手に促したい行動**

## ストーリープレゼンの「型」の「6つの要素」の展開

①「理想」…話し手が考える理想。⑤「解決」、⑥「聞き手に促したい行動」を経て実現する。

②「現実」…①「理想」と対照的な現実の状況。問題が横たわっている。

③「原因探求」…どうして②「現実」のような状況になっているのか、原因を考える。

④「解決探求」…③「原因」を解決するアプローチを検討する。

⑤「解決」…原因を解決する方法を提案。

⑥「聞き手に促したい行動」…自分（＝話し手）がプレゼンの聞き手にしてほしいことを強調する。

6つの構成要素を、話の流れに沿って説明していきましょう。

最初にくるのは①「理想」です。これは最後に登場する⑤「解決」、⑥「聞き手に促したい行動」を経て実現する「理想の世界」とも言えます。

それを、理想と対照的な②「現実」が受けて、「なぜ、その現実が起きているのか」と③「原因探求」します。そして、なぜ物事はそうなっているのかと解決策を模索する④「解決探究」に入っていきます。

解決するに当たって障害になっていること、既に試された解決策があったとしたら、それがうまくいかなかった理由を考えて、⑤「解決」できる方法を提示するのです。

と、ここで終えてはいけませんよね。「ありがとうございました」と締めてしまったら、このプレゼンの意味がなくなってしまいますから。最後に、⑥「聞き手に促したい行動」に誘導します。話し手がプレゼンする目的によって、⑥「聞き手に促したい行動」は様々でしょう。「解決するために、新しい商品を利用してみましょう」かもしれないし、「セミナーに参加すれば、解決しますよ！」かもしれません。

プレゼンは、この6つを展開させるようにして考えます。一番最初に考

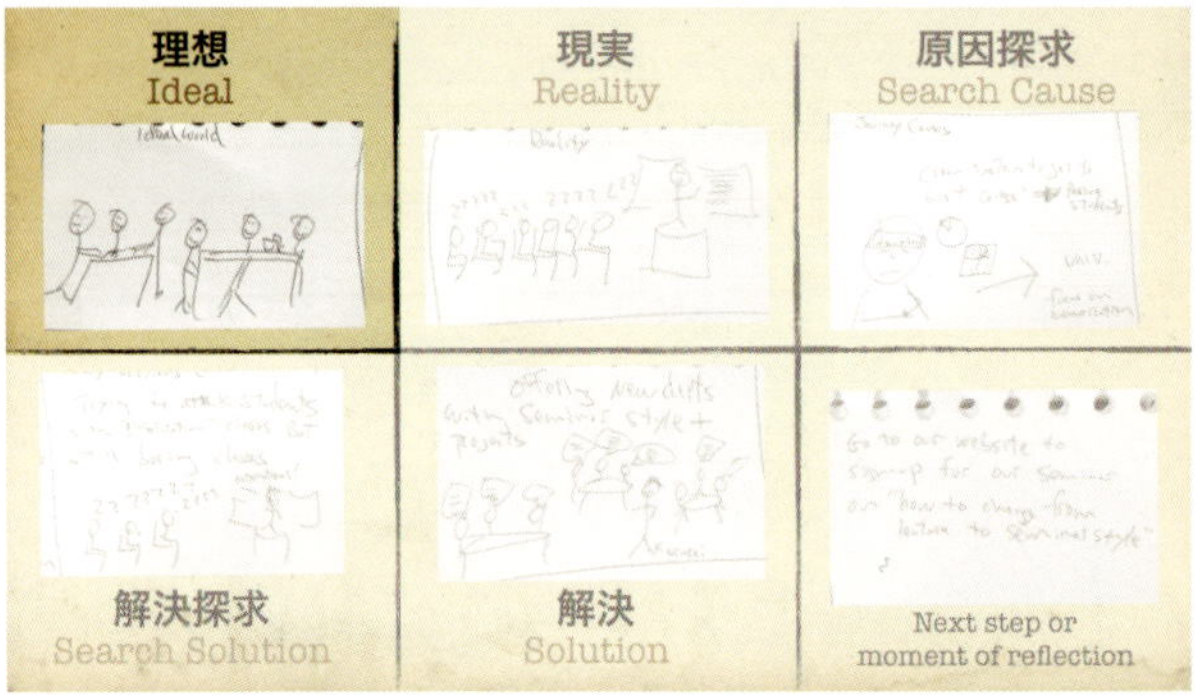


えたアイデアも参考にしながら、全体を見渡して6つのフォーマットに書き込んでいくと、アイデアがさらに膨らみます。

## 「２０１８年問題」をどうやって解決するか

理解を深めてもらうために、一例をお見せします。絵心がない私が、このフォーマットに沿って、頑張ってイラストで描いたものです（笑）。おっと、そう、書き込むのは文字でも、イラストでも自由です。この段階では自分だけが理解できればいいのですから。その絵が上手であるかどうかも関係ありませんから、安心してください。

「２０１８年問題」をご存じでしょうか。「日本の18歳の人口が２０１８年から減少する」という大学関係者が、頭を悩ませている問題です。この問題について考えてみたプレゼンの構成です。

まず、①「理想」からスタートするのでしたね。これが理想の世界ではないでしょうか。学生が、セミナー形式で楽しみながら互いに学び合うのです。先生は、講義をしない。彼は耳を傾けるだけで、必要に応じて適切

な指導や助言を与える存在。主役は学生です。

ところが②「現実」はどうでしょうか。日本の大学生は今の講義形式の授業スタイルに満足していません。とても退屈で、眠ってしまうありさまです。中には海外の大学に行ってしまう学生もいるでしょう。かといって、大学サイドは海外からの留学生の獲得にも苦戦します。留学生は講義形式で進む〝日本独特〟の授業スタイルに慣れていませんからね。

現実を受けて、「何が原因なのか」と③「原因探求」をします。詳しく見ていくと、原因がいろいろ判明します。そもそも日本には、〝良い大学〟に入るために、詰め込み式で一生懸命に暗記する勉強方法が定着していました。教える側に立てば、大量の情報を伝えるには、もっとも効果的な方法だったのかもしれません。ここでその良し悪しを問うつもりはありませんが、これが、直面している現実です。

さあ、④「解決探求」です。かつて、グローバルな視点で新しいコンテンツを教えようとした大学もあります。しかし、授業スタイルは以前と同じやり方だったので、あまりうまくいきませんでした。

これを⑤「解決」するのが、私が今教えている大学の手法です。全く新しい学部を用意しました。そこではセミナー形式で授業をする方法を、年配の教授に教えているのです。セミナースタイルの授業に特化した学科もあります。学生と彼らを見守る先生がいて、学生たちは実際に何かを実践しながら学び、また互いに手助けし合います。それが解決策です。

最後の⑥「聞き手に促したい行動」は、どんなものがくるでしょう。私は文字で書いてみました。例えば、「さあ、無料のセミナーを次の土曜に開催します。奮ってご参加ください」でしょうか。聞き手が2018年問題に悩む大学の教授であれば、こう訴えることはあり得ますよね。

いかがでしょう、ストーリープレゼンの6つの構成要素の展開について、理解できたでしょうか。

## プレゼンの名手、ジョブズも〝ストーリー〟を語っていた

ストーリープレゼンの構成を利用したプレゼンで、世界中から評価された事例があります。ストーリーを上手に組み立てたプレゼンは、人を動か

## スティーブ・ジョブズ氏は、聞き手の前で“典型的なフレームワーク”を使わなかった

すパワーを持つ――。その好例が、経営不振の責任を取って一度は創業したアップルを追放されたスティーブ・ジョブズ氏のプレゼンです。31ページでジョブズ氏のプレゼンは、「インスピレーション」タイプとご紹介しましたが、実は彼は「問題解決による説得」の名手でもあったのです。

1997年、スティーブ・ジョブズ氏はアップルに復帰しました。注目すべきは、アップル社内で従業員向けに行ったプレゼンです。プレゼンの目的は、アップルが今どんな状況にあり、これから何を目指していくのかを伝えるための大事なプレゼンでした。

典型的なCEOなら、SWOT分析を駆使したスライドを使ったかもしれません。しかし、ジョブズ氏は黒いタートルネックに短パンとサンダルといういでたちで社員の前に立ち、メモもスライドも使わず、ストーリーを語り始めたのです。

当時のプレゼンを大まかに整理すると、以下のようになります。ストーリーの構造にうまく当てはまることがよく分かるでしょう。

写真：AP／アフロ

**アップルは成長を続け、ブランドメッセージは明確で力強い。**

↓理想

**ブランドはよく知られているが、輝きがなくなり、会社は弱い立場にある。**

↓現実

**アップルはメッセージを多く発信しすぎた。本来のコアバリューから離れてしまい、消費者に混乱を来してしまったのだ。また、世の中が複雑で騒がしくなり、どのブランドもメッセージを明確に発信するのが難しい。**

↓原因

**アップルの栄光時代に依頼していた広告会社と再びタッグを組み、「Think different.」キャンペーンを通じて、コアバリューのみを伝えることに注力する。**

↓解決

どうしてジョブズ氏のプレゼンがこうも人を引きつけるのか、よく分かるのではないかと思います。

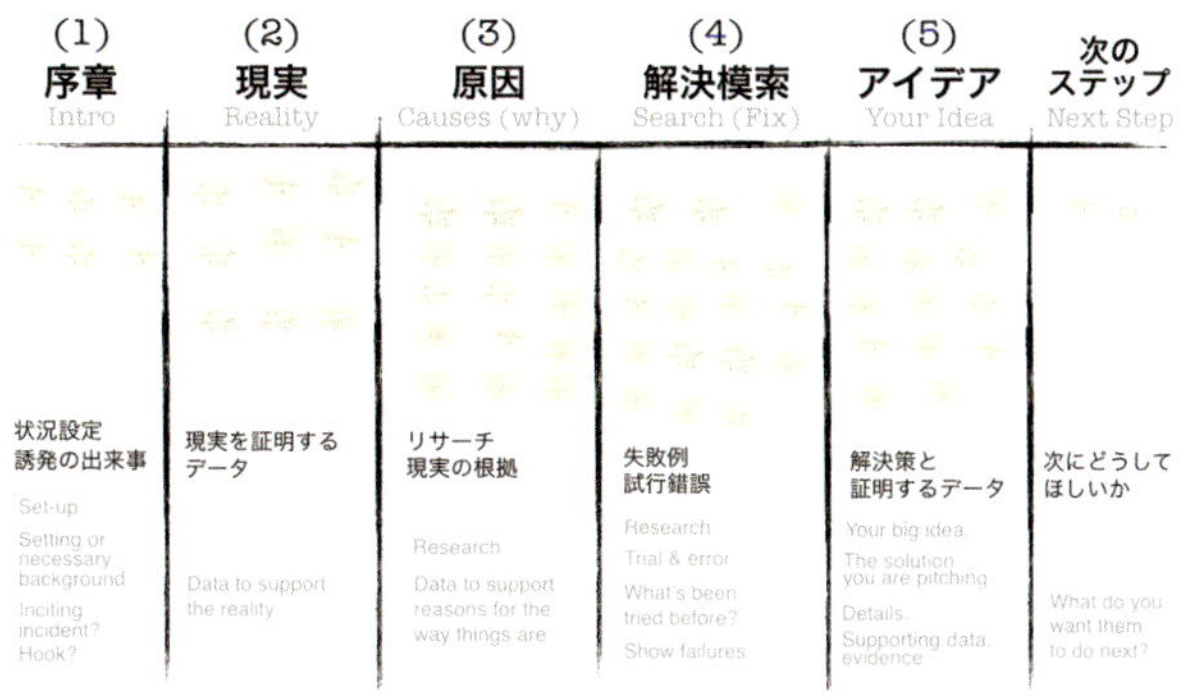


## 「アイデア＝付箋」はフレキシブルに動かす

さて、話を戻します。①理想、②現実、③原因探求、④解決探求、⑤解決、⑥聞き手に促したい行動と、6つの構成要素を一通り埋めたら、ブラッシュアップしていきます。**ここでは、付箋を積極的に使いましょう。アイデアを書いた付箋を移動させたり、加えたり、削ったりします。**

**①「理想」は「序章」に置き換えます。状況を説明し、ストーリーを始めるのです。**短くていいのですが、聞いている人をぐっと引き寄せ、注意を引きつけないといけません。

**②「現実」は、聞き手にしっかりと認識してもらうために、「データ」が必要になります。様々な調査内容を調べ上げて、現実の状況を客観的に説明できるデータを集めましょう。**「現実はこうです」と証明してみせるには、データは欠かせません。

**③「原因（探求）」の部分でもさらに調査して、なぜこのような現実になったのかを探ります。**

**④「解決模索（探求）」では、どのように修復するのかを探っていきます。「一部成功したこと」「やってみたけれど、うまくいかなかったこと」「自分の失敗」…様々な試行錯誤を述べていきます。**

そして、**いろいろと試した結果、「これが解決だ」とあなたが信じる⑤「アイデア（解決）」を発表するのです。**④「解決模索（探求）」で失敗例も紹介していますから、アイデアの説得力は高まっているはずです。もちろん、それを裏づける詳細な資料や証拠を提示することをお忘れなく。

**最後に、聞き手に⑥「どうしてほしいか」を訴えましょう。**

## 働く女性に食材配達サービスを売り込む

では実際に、ストーリーの展開を考えてみましょう。あなたは「夕食のデリバリーサービス」の営業担当者。働く女性既婚者を説明会に招き、サービスをアピールし、契約してもらうのがミッションです。

6つの構成要素は、①理想＝序章、②現実、③原因（探求）、④解決模索

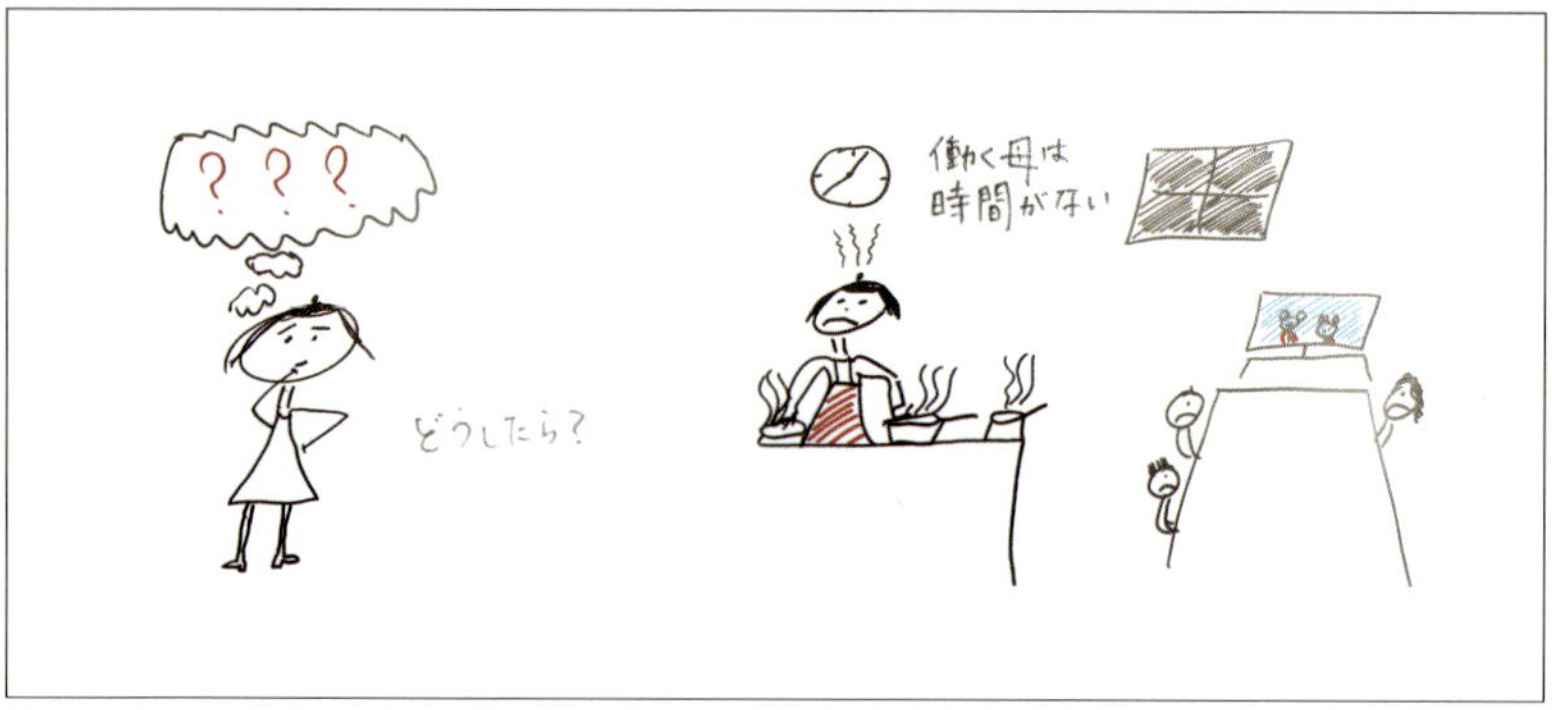


（探求）、⑤解決＝アイデア、⑥聞き手に促したい行動でしたね。

働く女性の①理想は、例えば、「家族揃ってのにぎやかな食事」「バランスの取れた食事」「ゆとりのある食事時間」などがあります。

ところが②現実は、大抵の場合、そうではありません「支度する時間がなくて、スーパーやコンビニの惣菜、あるいは外食で済ませる」「支度に時間がかかる分、食事しながら家族と団欒する時間が削られる」「理想と、こうした現実のギャップに悩まされ、ストレスを感じる」といった問題が持ち上がりますね。

では、そうした問題は何が原因でしょうか（③原因探求）。「働く女性には、食事の支度にかける時間が圧倒的に足りない」のに、「周囲のサポートが不足している」「欧米のように家政婦を雇う習慣がない」「アジア圏のように外食が多い文化ではない（＝頻繁な外食に心理的抵抗を感じる）」といった原因が浮かび上がりますね。

さあ、考えましょう。こうした環境にいる「働く女性既婚者」は、どうすればこの問題の原因を解決できるでしょうか（④解決探求）。もっと簡単に夕食の支度をする？ 週末に料理の作り置きをする？ それとも、簡単な

レシピを今から習得する？　いずれもそうたやすいことではありませんね。夕食の支度はそもそも朝食や昼食に比べて時間がかかるものですし、作り置きは手間がかかるので、疲れた体を休めたい週末にやるのは気が進みません。レシピの習得も時間がそれなりにかかります。

ここで登場するのが、プレゼンするあなたが売り込みたい「夕食のデリバリーサービス」です（⑤解決）。レシピに沿って既に調理された食材を受け取れるから、買い物や調理の手間を大幅に減らせます。しかも、自分の手作り料理を家庭の食卓に出せるから、精神的な引け目もありません。

そして最後の一押しです（⑥聞き手に促したい行動）。ホームページやフリーダイヤルからの申し込み先を伝えたり、「1週間お試し食材」の案内をしたりします。この説得力ある内容と流れは、働く女性既婚者の心に響くはずです。

## 営業担当者が考えるストーリーの展開例

夕食デリバリーの営業担当者が、「働く女性既婚者」に向けて自社サービスの利用を呼びかけるプレゼンの場合、「6つの構成要素」の展開は例えば以下のようになる。

### ①理想

- バランスの取れた食事
- ゆとりのある時間

### ②現実

- 時間がなく、外食や惣菜で済ませる
  ➡ 栄養バランスの偏りが心配
- 手作りすると料理に時間がかかり、家族との団欒の時間がない
- 理想と現実のギャップに対する「ストレス」や「罪悪感」

### ③原因探求

- 働く主婦に対するサポート不足
- 欧米のように家政婦を使う習慣がなく、アジア圏のように外食が多い文化ではない

### ④解決探求

- もっと簡単に夕食の支度ができないか？
- 料理の作り置き
  ➡ 手間がかかる
- 簡単なレシピの習得
  ➡ 時間がかかる

### ⑤解決

- 既に下調理された食材の配達
- 食材はすべて無農薬で安心安全
- レシピを考える手間も時間も不要
- 健康な食事を提供でき、家族の団欒の時間も確保できる

### ⑥聞き手に促したい行動

- ホームページから申し込み
- お試し食材の紹介

## TEDで聞き手を魅了した「ケニアの13歳のプレゼン」

では最後に、生のストーリープレゼンを皆さんに見ていただきましょうか。これから紹介するプレゼンターは、私がアドバイスをしたわけではないのに、偶然にも先ほどのステップの通りに話が進みます。

プレゼンターの名前は、リチャード・トュレレ（トゥレレ）君。当時13歳の彼は英語を学んだばかりでTEDの舞台に立ち、ケニアで発明した商品について話をしました。トュレレ君の英語は決して流暢ではないのですが、話の構成が素晴らしい。ストーリープレゼンの好例です。

「リチャード・トュレレ TED」とグーグルで検索して、TEDでのプレゼンの様子を見てみてください。7分強の映像で、日本語字幕もついています。

ご覧になって、どう思われましたか？ 短く、心地よく、そしてとても筋が通っている――。恐らくそうした印象を受けられたのではないでしょうか。それはこのプレゼンが、ストーリープレゼンが求める条件に応えてい

るからです。

先ほどご紹介した「6つの構成要素」に落とし込んで、確認してみましょう。

まず「理想」の世界ですが、トュレレ君にとっては、「家畜が安全で、ライオンも殺されることがなく、みんなが仲良く暮らせて万事ＯＫ」、そんな世界です。しかし――ここは大きな「しかし」ですが――「現実」はそうではない。

現実は、ライオンがいつも家畜を食べてしまい、それを防ぐために、人間がライオンを殺さないといけない。それが大きな問題でした。

では、なぜそうなったのでしょうか？「原因」はいろいろあります。例えば、街が増えて、ライオンが暮らすエリアに迫ってきたからですね。その結果、ライオンが人間を恐れなくなってきました。人間の側に、丈夫なフェンスを立てるお金の余裕がないのも原因の1つでしょう。

「解決策」として、トュレレ君は3つについて言及していましたね。そして、3つ目の「ライト」は効果があったと分かりました。

もしも、トュレレ君がＴＥＤ会場の聴衆ではなく、投資家に対してプレゼンしていたら、これはとても良い〝ストーリー〟です。投資を募る事業アイデアを厳しく選別する投資家の心に、強く響くでしょう。

トュレレ君の場合、彼自身も変わりました。素晴らしい変化です。「外的変化」は何でしたか？　かつては家畜が殺されていたのに、家畜は安全になりましたね。ライオンも人間に殺されていたけど、殺されなくなった。「内的変化」は、ライオンが嫌いだったのに、ライオンが好きになったことです。そして、自信もつきました。彼の人生が変わったのです。自信が芽生え、今は素晴らしい教育を受けています。彼に起きた「外的変化」よりも、「内的変化」が興味深いと感じる人も多いのではないでしょうか。

# 聞き手を魅了した
# トュレレ少年の「ストーリー」

トュレレ少年は、「家畜（牛）は安全になり、自分はライオンを好きになった」と、プレゼンの最後で外的変化に加えて、内的変化も語り、聞き手の関心を集めた（⑤）。これがビジネスのプレゼンで、「ライオンから家畜を守るためのライトが必要なので、ご協力ください！」と呼びかけていれば、賛同者や資金を集めることに成功するだろう（⑥）。

**①理想**

**②現実**

**③原因探求**

**④解決探求**

**⑤解決**

**⑥聞き手に促したい行動**

LESSON 3

# ストーリープレゼンを作る手順を学ぶ

## 準備の鉄則

Point 1

### 準備にしっかり時間をかける

ストーリープレゼンが成功するかどうかは、「プレゼンをする前に決まっている」と言える。必要な構成要素をじっくり考えよう。

Point 2

### 準備段階は、“アナログ”で考える

「自分の伝えたいこと」をストーリーにどう落とし込むかについては、“アナログ”で考える。構成要素のアイデア出しは、パソコンを使わず、手を動かして考えるといい。思いついたことは付箋やホワイトボードに手書きでどんどん書き出していくと、アイデアが膨らむ。

## ストーリープレゼンの「型」を押さえる

Point 1

### ストーリープレゼンには「型」が必要

聞き手を説得するには、「型」を押さえたストーリープレゼンを展開する必要がある。どれかが欠けたり、順番が入れ替わったりすると、説得する効果は薄れるので要注意だ。

**①理想 → ②現実 → ③原因探求 → ④解決探求 → ⑤解決 ⇒⑥聞き手に促したい行動**

Point 2

### アイデアはブラッシュアップ

①〜⑥のそれぞれの中身が決まっても、スライドに落とし込む前にやるべきことがある。付箋を積極的に使い、アイデアを書いた付箋をほかの5つのどれかへ移動させたり、新たに加えたり、削ったりして、ブラッシュアップする。

PART5

# DESIGN

ビジュアル

# 画像優位性効果

Picture superiority

## 「ビジュアル」で「最も強い五感＝視覚」に訴える

この章では、1つ前の「PART4 HOW ストーリープレゼンの作り方」で練った構成を、プレゼンに使う「スライド」に落とし込むテクニックを学びます。ここで紹介するポイントを押さえれば、あなたのストーリーが、よりドラマチックに盛り上がります。

スライドを作る時には、「ビジュアルにして落とし込む」のが鉄則です。なぜなら、人間の脳には「画像優位性効果」が有効だからです。「言葉よりも、画像の方が人々の記憶に残る」。この厳然たる事実はとても重要なので、覚えておいてください。

例えば、私は「紙芝居」が大好きです。紙芝居の元をたどれば歴史は古く、「絵巻物」として登場した奈良・平安時代まで遡ります。

紙芝居から学べる重要なことは、「絵＝ビジュアル」が聞き手に伝えたい「物語＝ストーリー」に合うように描かれていて、聞き手は話の内容に興味津々だということです。この〝構図〟は、プレゼンでも実現できます。

しかし、この事実に気づかず、「箇条書きのスライド」を駆使してプレゼンに臨む人が多い。残念ながら、スクリーンに大量の文字を投影するのは無意味です。どうしても必要なら別途資料にまとめ、それを聞き手に配布しましょう。

視覚は最も強い五感です。活用しない手はありません。

## 「メッセージ」としてのビジュアル

一般的に「ビジュアル」が果たすメッセージとしての役割は何でしょう？　日常生活で目にする「空港の案内板」「商品パッケージ」「ポスター」の存在理由を考えたことはあるでしょうか。

落ち着いて考えれば、すぐに分かると思います。まず①「目＝注意を引く」こと。ビジュアルを見てもらって、初めてスタート地点に立つことができます。そして、②「伝えたい意味を、相手が理解する」こと。この2つが、最も重要な役割です。

これをさらに深掘りすると、③「アクションを起こしてもらう」ことに

**“箇条書きで埋められたパワーポイントのスライドは近い将来、心を揺さぶる映像や音響で彩られた物語を語る手法に代わるだろう。”**

**デイナ・アチリー**

...PowerPoint slides filled with bullet point statements will be replaced by a new world of examples via stories, accompanied by evocative images and sounds.

たどり着きます。「『案内状』を見て、そのセミナーに足を運ぶ」「『パッケージデザイン』に目を奪われて、石鹸を買う」「『道路標識』に気づいて、アクセルを緩める」。相手にアクションを起こしてもらえば、ビジュアルは役割を完全に果たしたと言えます。プレゼンのビジュアルも、同じです。

言い方を変えれば、「**ビジュアルを上手にプレゼンのスライドに落とし込めば、①聞き手に関心を持ってもらうこと、②伝えたいことを深く理解してもらえること、そして、③アクションに移してもらうことを可能にする**」となります。

## 〝ビジュアルスライド〟時代を予見した人物

デイナ・アチリー氏をご存じでしょうか。米アップルのフェローを務めた開発者で、惜しくも２０００年に亡くなりました。

彼は、プレゼンのスライドに「ビジュアル＝写真や映像」を使うことを初めて提唱した人物と評しても過言ではなく、それを「デジタルストーリーテリング」という言葉で表現していました。曰く、「箇条書きで埋められたパワーポイントのスライドは近い将来、心を揺さぶる映像や音響で彩られた〝物語〟を語る手法に代わるだろう」。

今、私たちはまさに彼が指摘していた「近い将来」にいるのです。

## 審査員を深く納得させたスライド

この辺で、ビジュアルを駆使したスライドが持つパワーの大きさを、具体例を挙げてご紹介しましょう。皆さんの納得感が高まると思います。スライドに落とし込む具体的な方法は、その後に詳しくご説明します。

これからご紹介するスライドは、私が住む奈良県生駒市で生まれたものです。最初に正直にお伝えしておくと、このスライドはPART4でご紹介した「理想、現実、原因探求、解決探求、解決、聞き手に促したい行動」という構造に、必ずしも基づいてはいません。それを念頭に入れて、見てください。ただし、ビジュアルが持つパワーを分かりやすく学べる好例であることは、私が保証します。

このスライドが披露されたプレゼンは、2012年に生駒市が主催した「新しいお土産コンテスト」です。「生駒市の名産を使う」という条件をクリアするため、発案者の緒方亜希野さんは、生駒の名水が使われた「地酒」

から、「酒粕プリン」を考えたのです。

コンテストでは、「自分（＝緒方さん）と生駒市とのつながり」「酒粕プリンが企画されるまでの経緯」「商品化した酒粕プリンの展開案」についてスライドを使ってプレゼンし、見事、優勝しました。

スライドそのものを作ったのは、地元でデザイナーとして活躍されている野田恵子さんで、当時緒方さんのお店の印刷物などをデザインしていたそうです。余談ですが、緒方さんは野田さんにスライドの作成を依頼する際、拙著『シンプルプレゼン』を手渡して、「こんなふうに作ってほしい」とリクエストしたそうですよ（笑）。

スライドは、緒方さん自身についての自己紹介から始まります。

生駒市に住んで10年以上が経つこと、この地で生まれた子供はサッカー少年としてすくすく育っていること、同じ生駒市内で自分が経営しているスイーツ店は毎年秋に開催される火祭で有名な「往馬《いこま》大社」のすぐ近くにあり、その模様を撮影した写真が市のフォトコンテストに入賞したこと。自分の暮らしが生駒の地に根づいていることを、ビジュアルで表現しています（89ページ1）。

### 生駒うまれの真っ白スイーツ

# たけひめプリン

そして、本題に入ります。

今回の「新しいお土産コンテスト」では酒粕プリンを提案したいこと、それは生駒市の名産品「茶筅《せん》」からイメージした「竹」を「たけひめプリン」という名前に込めて器のモチーフにしたこと、味は地元の名水を使った地酒からイメージした「酒粕」風味にしたこと。こうした開発背景や、その後に続く「商品展開案」を、力強いビジュアルで説明しました（88ページ2、3）。

ほかのプレゼン参加者は、あったとすれば、恐らく箇条書きの配布資料くらいでしょう。審査員の支持を一番多く集めて優勝したのは、緒方さんの「たけひめプリン」です。

緒方さんは、野田さんのサポートで仕上げられたスライドを使って、「ストーリー」を語りました。「地元の名産品を使っていて、それがいかに生駒にふさわしいか」を、美しいビジュアルで補強し、審査員を深く納得させたのです。「まるで映画を見ているようだ」。審査員はそう思ったに違いありません。

## 2 本題

生駒市の名産品を活用して「新しいお土産＝たけひめプリン」を提案することを、写真で力強く表現した。

## 3 商品展開案

素材として使う「酒粕」の“潜在力”を生かし、「新しいお土産」を展開するプランを提案。文字で終わらせず、写真に落とし込んでいるので説得力がある。

実例

# スライド「たけひめプリン」に学ぶビジュアルパワー

奈良県生駒市の「新しいお土産コンテスト」で優勝したプレゼンのスライドは、「ビジュアルが持つパワー」を示す好例だ。

発案者の緒方亜希野さんは、1 自己紹介、2 本題、3 商品展開案をビジュアルで表現し、審査員の関心を集めることに成功した。

## 1 自己紹介

自分の生活が生駒に根づいていることを写真で表現。子供を産んで家族で暮らしていること、祭を撮影した写真が市のコンテストに入賞したことをアピール。

## ビジュアルが、聞き手の感情を刺激する

スライドに使うビジュアルには、「写真」「表」「チャート」「グラフ」があります。これらのビジュアルを使うと、どんな効果があるのでしょうか。

まず、リアルな「本物」を聞き手に見せられるので、「伝える内容が事実であること」を証明できます。そして、聞き手の感情を〝刺激〟します。

「11億人もの人が飲み水が手に入れられないでいる」（次ページA－1）

これは1つの事実＝データを示す文章です。A－2のように見せると、より感情的な表現になりますね。聞き手の注意を引き、話し手が伝えたい状況をよく理解できるでしょう。

もう1つ例をお見せしましょう。

「東京には5000人ものホームレスがいる」（B－1）

これも単なる事実＝データですが、B－2は先ほどのスライドと同じく、注意を引き、状況がよく理解できる。記憶にも残りやすいのです。

A－1

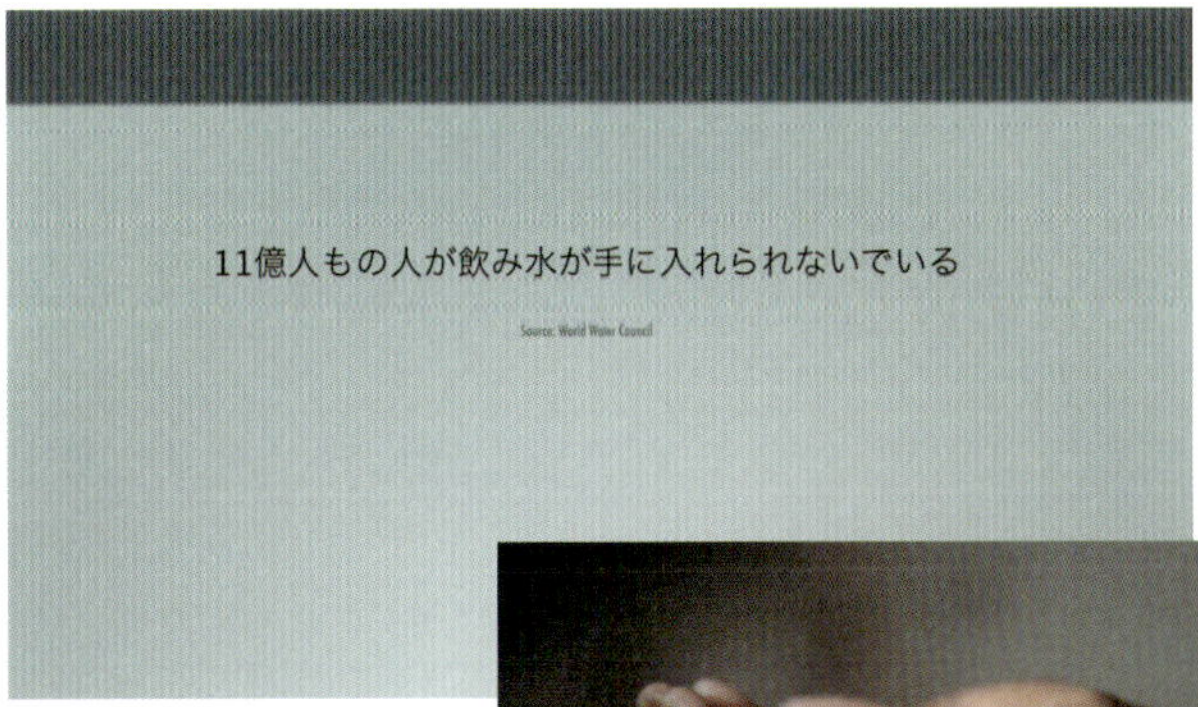
11億人もの人が飲み水が手に入れられないでいる
Source: World Water Council

A－2

11億人もの人が飲み水が
手に入れられないでいる
Source: World Water Council

B－1

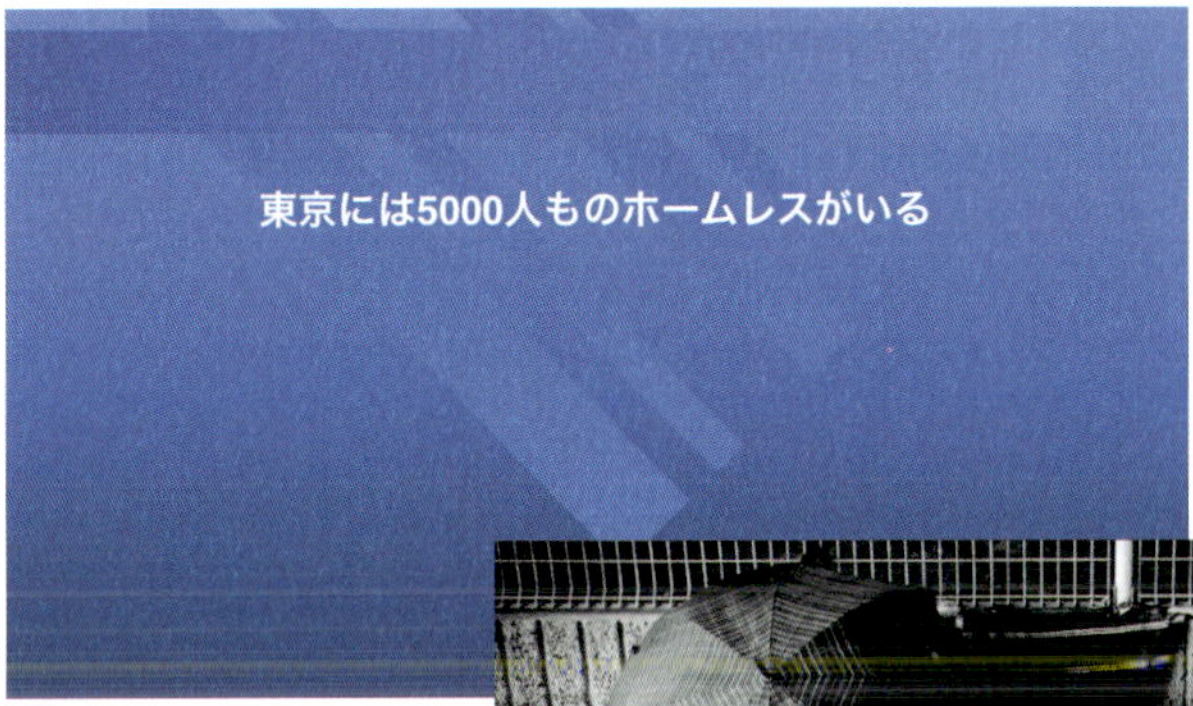
東京には5000人ものホームレスがいる

B－2

東京には5000人ものホームレスがいる

## ビジュアルがストーリーを〝語り出す〟

ビジュアル自身が、ストーリーを語ることもできます。「日本の食料自給率が下がっている状況」を、次ページC－1ではなく、C－2のようにして表現すると、そこにストーリーが生まれます。広い畑に、高齢者とおぼしき1人の人間が農作業をしている――。食料自給率が下がっている事情、すなわち、「農業従事者の平均年齢は高く、若い世代は村を離れ、平均年齢はますます高くなる。そして、農業規模は小さくなっていく…」と、こんな事情です。

一方、「米国の食料自給率は130％と高い状況」を、D－1ではなく、D－2で表したらどうでしょう。肥沃で広大な農地を、大きな機械を使って少人数で農作業する――。このスライド1枚で、聞き手は高い食料自給率の理由を理解するでしょう。

ビジュアルを使えば、状況や背景をリアルに伝えられます。「百聞は一見にしかず」。スライドに「余計な説明＝箇条書きの文字」は不要なのです。

C－1

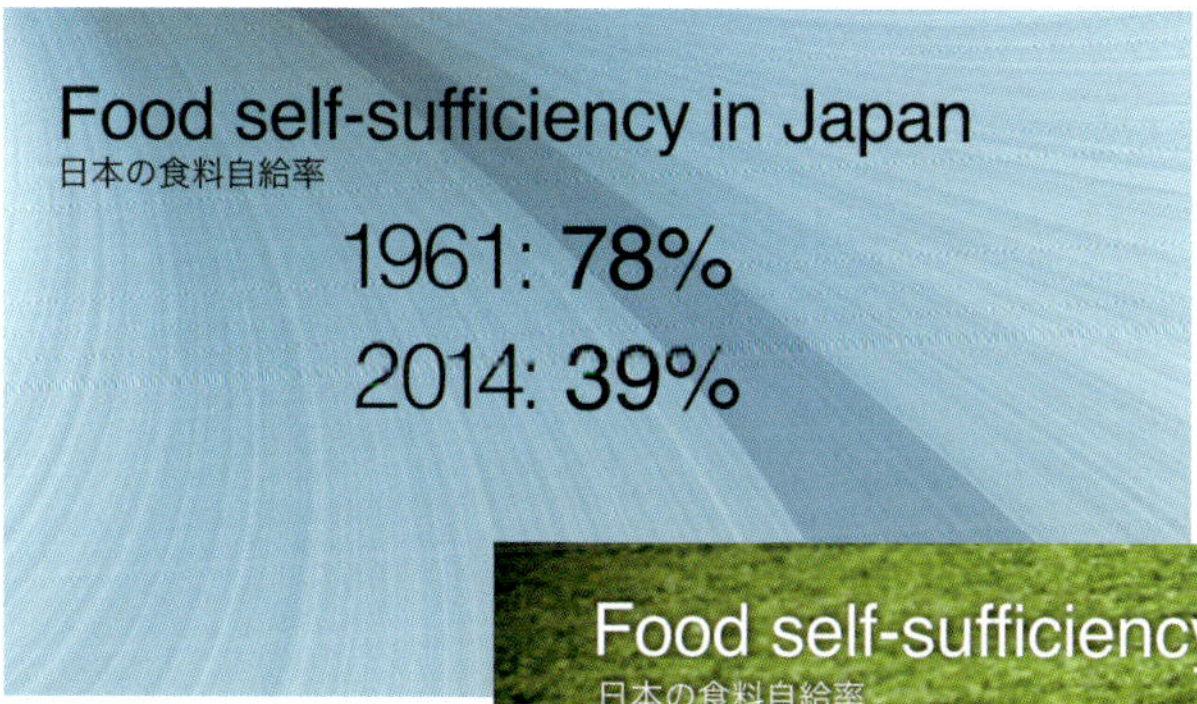
Food self-sufficiency in Japan
日本の食料自給率
1961: 78%
2014: 39%

C－2

Food self-sufficiency
日本の食料自給率
1961: 78%
2014: 39%

D－1

Food self-sufficiency: USA
2013: 130%

D－2

Food self-sufficiency
食料自給率
2013: 130%

## 聞き手に一瞬でインパクトを与える「ビフォー、アフター」

ビジュアルを使えば、「変化」を簡単に見せることも可能です。

東洋文化研究家のアレックス・カー氏がTEDxKyotoで、四国にあるご自宅をリノベーションした時の話をプレゼンした際、「リノベーション前」と「リノベーション後」の写真をスライドで見せました。

「ビフォー、アフター」を見せるのは、とても効果的です。口で説明することもできますが、画像で見せる方が、はるかにインパクトが強い。２枚の写真を見た人は、「えー！」と驚き、拍手していました。

## 禅に学ぶ「無のスペース」

さあ、これでビジュアルが持つパワーや、スライドに落とし込むテクニックがお分かりいただけたかと思います。

ここで強調しておきたいのが、「簡素であれ」というルールを厳守することです。「簡素」は禅の精神に通じ、「不要なもの＝飾りや無関係なもの」を取り除くことを指します。

Ryoan Ji Zen Garden in Kyoto, Japan

ストーリープレゼンにおける「視覚的な美しさ」は「極限まで取り除いてできたもの」。「あのビジュアルも入れたい」「このビジュアルも盛り込もう」と、いろいろな要素を加えたくなりますが、できるだけ排除して、「無のスペース」に近づけましょう。

京都市の龍安寺にある世界遺産「石庭」は、美しいですよね。実際に行ったことがある人はご存じでしょうが、何もないスペースがほとんどです。その「無のスペース」が、ごくわずかにある「岩」や「苔」に、大きな存在感を与えているのです。

次ページ上のスライドを見てください。２０１３年当時の日本の消費税を、他国と比較したグラフです。「日本の消費税率が他国と比べて高い」と言いたいのか、それとも「低い」と言いたいのかが分かりにくい。

このスライドに「簡素、無のスペース」の考え方を取り入れて、〝騒音〟をすべて取り除きましょう。次ページ下のスライドになり、とてもシンプルです。プレゼンの話し手が伝えたい意図＝「他国と比べて低い」ことをアピールできました。

伝えたい部分のデータだけを取り出して、余分な線やロゴもできるだけ省くと、すっきりします。

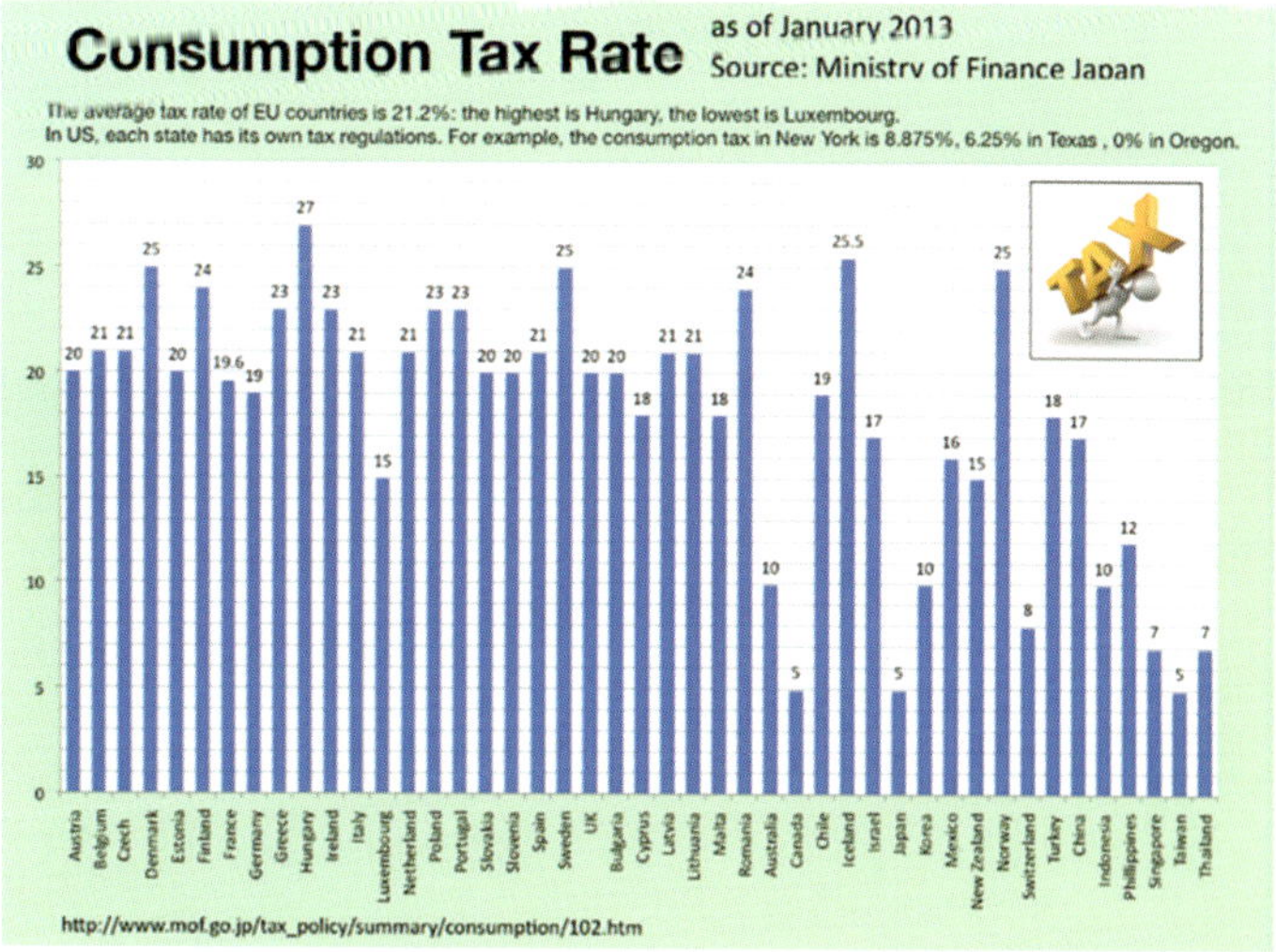


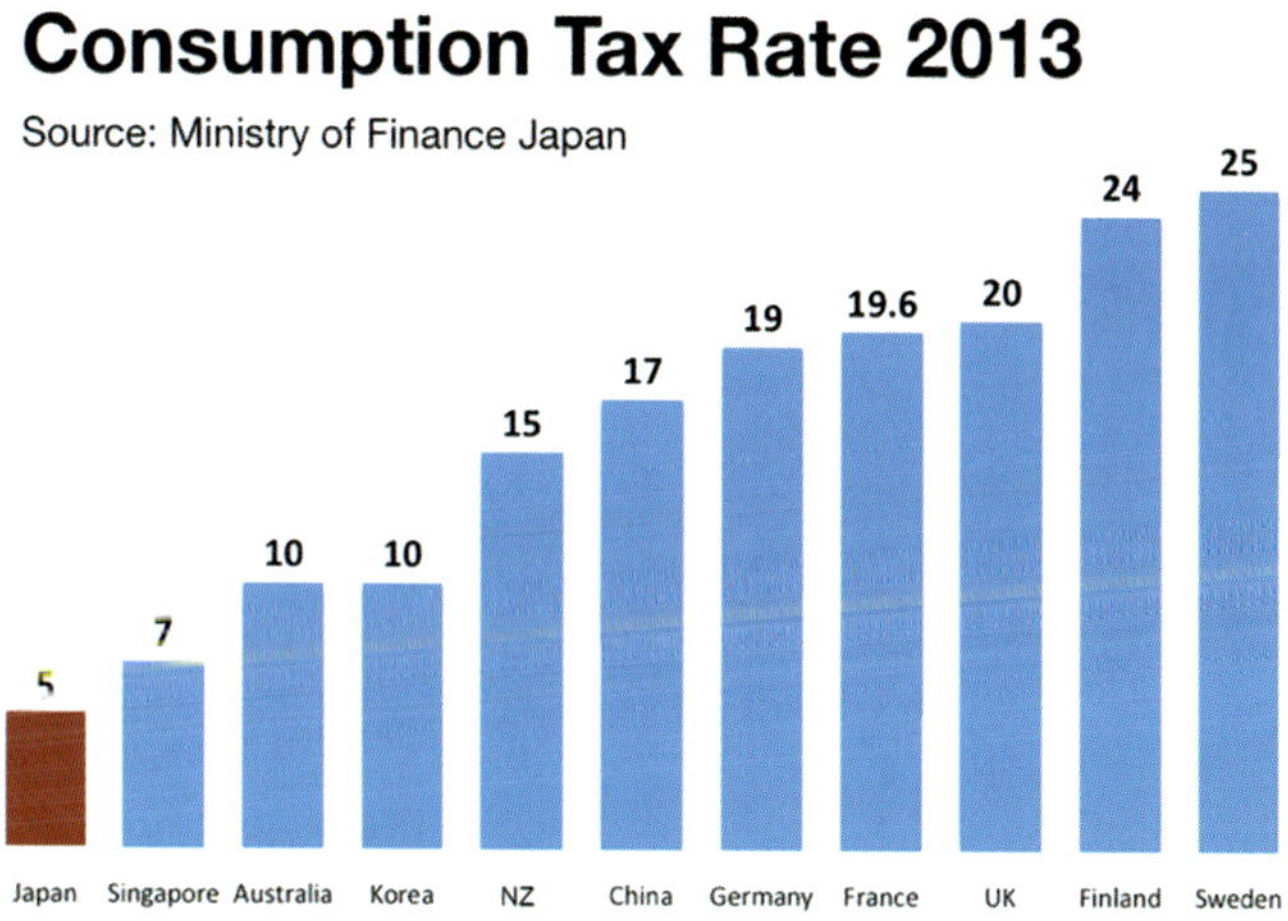


注）財務省の資料を基に作成。

# Make it Big!

## とにかく大きく！

### 〝スクリーンの小さい映画館〟に〝怒らない客〟は1人もいない

スライドでビジュアルを使う時の注意点を、もう1つお伝えしておきます。ビジュアルは、スクリーンいっぱいに表示する必要があります。理由は簡単です。お金を払って入った映画館でスクリーンが小さかったら、皆さんは怒るでしょう？

実例をスライドでお見せして、念押ししておきましょう。次ページF－1やG－1では、小さくて何も見えないし、迫力がありません。F－2やG－2ならどうですか。スクリーンいっぱいに映せば、聞き手はそのダイナミックなビジュアルに引きつけられるし、面白く感じます。細部まで見えるから、理解は深まり、記憶にも残りやすいのです。

### 動画の力強さを改めて教えてくれた「生前の両親」

動画の効果についても、押さえておきましょう。現在は、スマートフォ

F−1

Colosseum: interior
Seating reflects the rigid, stratified nature of Roman society

F−2

G−1

G−2

Sahara Desert, Tassili N'Ajjer, Algeria

ンを使って、動画を気軽に撮ることができる時代です。聞き手に強い印象を与えるので、もっとプレゼンのスライドに使うべきだと思います。

私が動画について考えることになったきっかけは、実の母の死です。米国に住む母の容態が悪いという知らせを受け、当時、生後2カ月の娘を連れて会いに行きました。

残念ながら母は亡くなったのですが、孫である私の娘の顔を母に見せることができたことは幸いでした。それからしばらくして、日本に持って帰るための「母の生前の写真」を兄の家で選んでいたところ、8ミリフィルムを見つけました。再生したフィルムに映っているのは、若い頃の父と母。「ああ、私はこの2人から生まれたんだ」。私は感情を強く揺さぶられ、涙しました。

写真でも、見た者の心を動かすことはできます。しかし、動画を使えば、効果は格段に上がります。動画は「感情の発電機」です。だからこそ、フィルムや映画は発明されてから現代に至るまで強い影響力を持ち、パワフルな媒体であり続けているのでしょう。

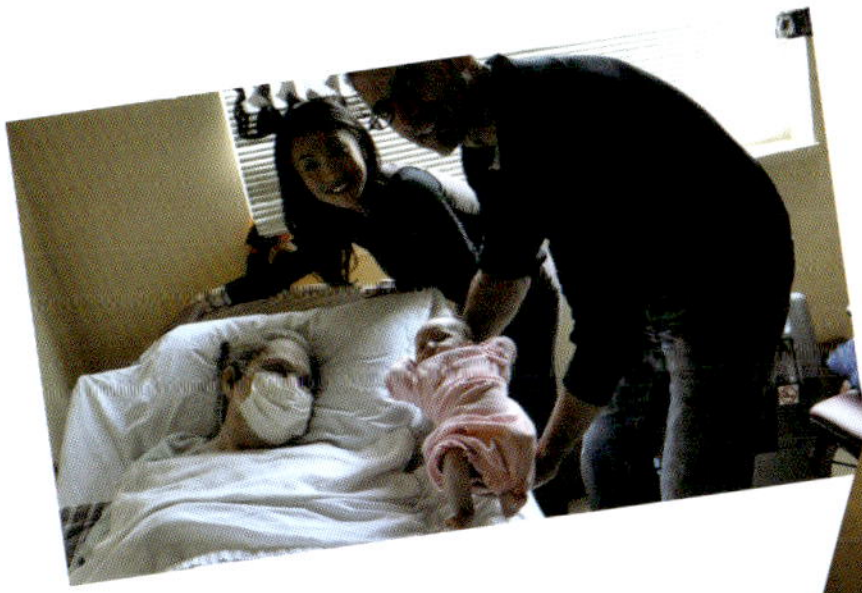

父と母
1947年
Mom& Dad

LESSON 4

# スライドをビジュアルで表現する

## ビジュアル化の理由

Point

### “ビジュアルならでは”のメリットがある

伝えたいことが決まったら、スライドには画像・イラストや、表・チャートなどの視覚的表現を盛り込む。視覚的に伝えることは①聞き手に関心を持ってもらう、②伝えたいことを深く理解してもらえる、③アクションに移してもらうことを可能にする。聞き手の記憶に残りやすいというメリットもある。

## ビジュアルの持つ「4つの効果」を活用する

Point 1

### 聞き手の「納得度を深める」

リアルな「本物」を聞き手に見せることで、「話し手の自分が伝える内容は事実である」と証明する。聞き手を深く納得させられる。

Point 2

### 聞き手の「感情を刺激する」

聞き手の感情を“刺激”する。「伝えたいことを端的に示す写真」や「伝えたいことに関連し、聞き手が普段目にしている様子を表した写真」は、聞き手の感情にストレートに訴えることができる。伝えたいことを深く理解してもらえるという利点もある。

Point 3

### 聞き手に「ストーリーを語る」

伝えたい内容の「状況」や「背景」をビジュアルで伝えることで、聞き手はそこにストーリーを感じ取る。「ビジュアルも、話し手のあなたと一緒にストーリーを語る」と言える。

Point 4

### 聞き手に「変化を一瞬で見せる」

言葉や文字で伝えるよりもはるかに簡単かつ効果的に、「変化」を見せられる。「ビフォー、アフター」を見せれば、話し手のあなたが伝えたいことを、聞き手は瞬時に理解する。

PART6

# DELIVERY

話し方

“聞き手に関心を持ってもらうことが大事だ。
感情を揺さぶり、知性に訴えかけ、目にも美しく。
どんな方法でもいい、とにかく関心を持たせるのだ。”

アンドリュー・スタントン
映画監督「ファインディング・ニモ」

“Make me care. Please—emotionally, intellectually, aesthetically—just make me care.”

— Andrew Stanton

## 「数字」と「エピソード」で引きつける

前の章まででご紹介してきた「ストーリープレゼン」を展開すれば、聞き手を引き込むことは十分可能です。この章では、その効果を一層確実なものにする「話の運び方」についてのコツをお教えします。

とても重要なのが、「プレゼンの冒頭に、聞き手が気になる仕掛けを用意すること」です。

「聞き手に関心を持ってもらうことが大事だ。感情を揺さぶり、知性に訴えかけ、目にも美しく。どんな方法でもいい、とにかく関心を持たせるのだ」

「私には10の掟があります。最初の9つは、観客を退屈させてはならない、ということです」

1つ目は、米映像制作会社「ピクサー・アニメーション・スタジオ」で、映画「トイ・ストーリー」の原案・脚本や、「ファインディング・ニモ」

**私には10の掟があります。
最初の９つは、
観客を退屈させてはならない、
ということです。**

**ビリー・ワイルダー**
映画監督「アパートの鍵貸します」

I have ten commandments.
The first nine are, thou shalt not bore
– Billy Wilder

「ファインディング・ドリー」の監督・脚本などを務めたアンドリュー・スタントン氏、２つ目はＰＡＲＴ４でご紹介した米映画監督・ビリー・ワイルダー氏の言葉です。

映画でも、小説でも、ストーリープレゼンでも、聞き手をぐっと引きつけ、話し手のストーリーに入り込ませる必要があります。

これはとても重要なことです。人間は退屈に耐えられない生き物です。この本を読んでいる皆さんを、私が退屈させていないといいのですが（笑）。プレゼンを始めて早々に、もしも「聞き手を退屈させているかもしれない」と思ったら、すぐに手を打たないといけません。

説明に「具体的な数字を加える」「個人的なエピソードを語る」のは有効です。数字は「え、本当に？」と驚かせるものならベター。説明していることに関係する「素晴らしかった経験」「大変だった経験」も効果的です。本論から多少脱線しても、すぐに話を戻せば大丈夫。聞き手の関心をガッチリつかむことを優先させましょう。「最初のつかみが大事」なのです。

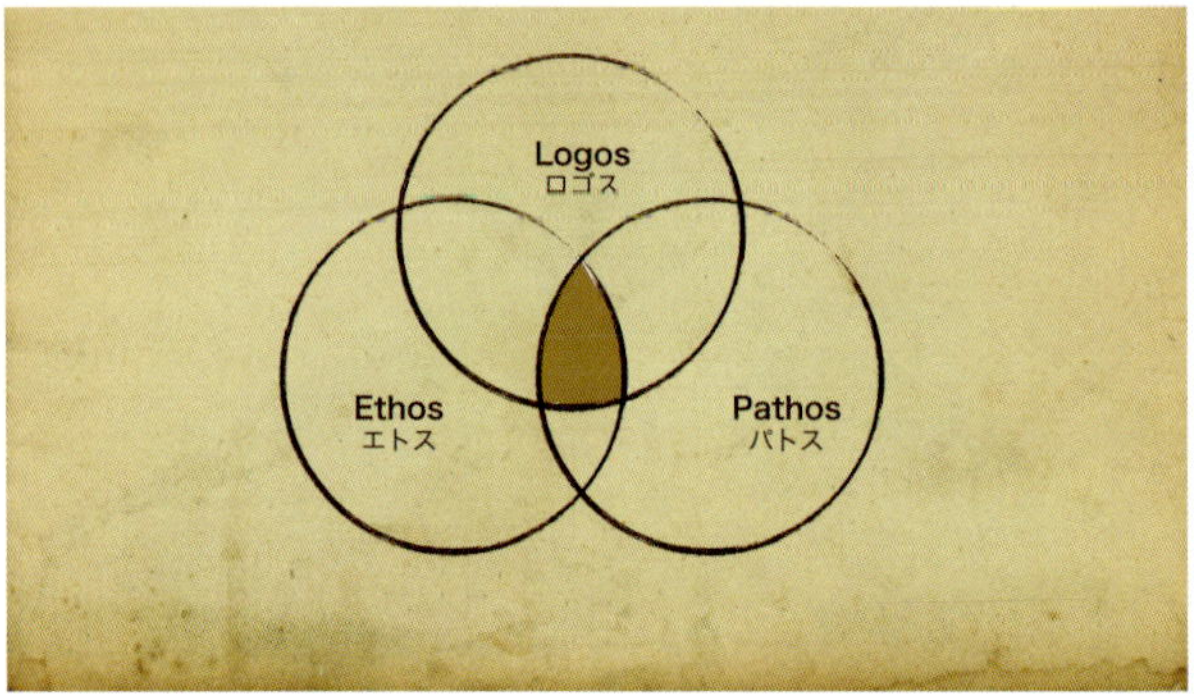


## 〝自分〟を前面に出す

古代ギリシャの哲学者・アリストテレスは、相手を説得したり、納得してもらったりするのに必要な要素は「ロゴス」「パトス」「エトス」の3つあると指摘しました。これは話す時も、書く時にも共通します。

その3要素は、①「ロゴス＝論理」、②「パトス＝感情」、③「エトス＝話し手の人柄」です。耳にしたことがある人はいるかもしれません。

この3つの〝物差し〟を、日本人のプレゼンに当てはめてみましょう。①「論理」については申し分なく、②「感情」も「まあまあ込められている」と言っていいでしょう。しかし、③「話し手の人柄」は赤点です。

大抵の話し手に、「自分自身を聞き手に表現する」という姿勢が見られません。スライドを映すスクリーンに体を向けて、聞き手に背を向けたり、演壇から降りたり、会場の照明を消したり…。「プレゼンの内容も、話し手自身のことも知りたい」と考える〝聞き手のニーズ〟に応えることができていません。

例を挙げましょう。事業資金を調達したいと考えて投資家へのプレゼン

# 目を合わせる
Eye contact

に臨むとします。100人の投資家が厳しくチェックし、満点の事業プランがあれば、資金を調達できると思いますか？

答えはノーです。投資家が投資するのは、「アイデア」そのものだけではありません。「そのアイデアを実行する話し手」に投資しているケースがほとんどです。なぜなら事業プランとしては満点でも、実行に移して実際に成功するかどうかは分かりません。だから、実行する話し手の人柄・人間性も評価して、投資の是非を決めるのです。

「話し手自身もプレゼンの一部」であることを、よく理解してください。

## 「目線」も「爪先」も聞き手の方へ向ける

では、「自分自身を表現する」とは、どういうことでしょうか。難しく考えることはありません。まず、「聞き手一人ひとりと、目を合わせること」を実践してみてください。会場の端から順に規則正しく目を合わせることはありません。その時その時で視線が向かった先にある人の目を見るのです。

話し手の視線がそっぽを向いていると、聞き手は退屈します。誰かとデート中、「趣味は何ですか？」と相手に聞かれて、そっぽを向きながら

## 感情は伝染する

Your feelings are contagious

「趣味？ ええ、趣味は3つあって…」と答える人は1人もいないはずです。デートでも、プレゼンでも、目を合わせないといけません。

ここでちょっとしたテクニックを紹介しましょう。様々な職業に就く人のプレゼンを見てきましたが、あまり慣れていない人は、体をスライドの方に向けてしまい、プレゼン中はそのまま。必然的に、視線もスライドを向いたままです。それを防ぐために、プレゼン中は足を聞き手の方に向けるようにしましょう。そうすれば、スクリーンを見ながら説明したとしても、終わったら体の向きが再び聞き手の方に戻ってきます。

### 感情は〝伝染〟する

自分自身の人柄を表現する格好の方法が、「感情を表に出すこと」です。しかも都合がいいことに、感情は相手に〝伝染〟します。感情を分かち合えれば、人柄を知ってもらうことにつながります。

感情が相手に伝染することは、複数の猿を使った実験で科学的に実証されています。猿が喜びの感情を持つと脳の特定部分が光るようにしたとこ

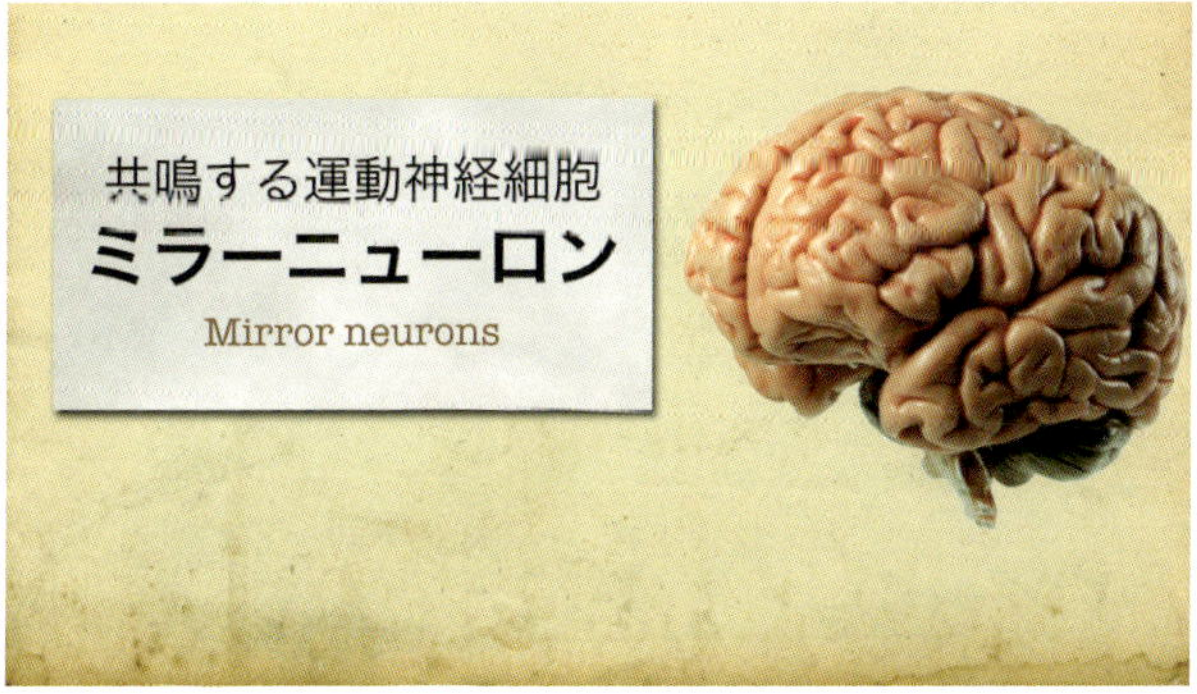
共鳴する運動神経細胞
ミラーニューロン
Mirror neurons

ろ、バナナを食べた猿のその部分が光りました。ここまでは何となく分かりますよね。興味深いのはここからで、「バナナを食べている猿」を見ている猿も、同じ部分が光ることが発見されたのです。これは、脳内にある神経細胞「ミラーニューロン」で見られる現象です。

サッカーやフットボールが好きな人は、自分でやるのも好きですが、誰かのプレーを見るのも好きですね。これは、まるで自分がプレーしているような気になれるからで、これもミラーニューロンの効果と考えられます。自分の気持ちと他人（＝スポーツをしている人）の気持ちが同調するのです。例えばアメリカンフットボールの選手同士が試合中に激しくぶつかったとします。観客はどんな反応をしますか？　痛そうにしかめ面をして「うわー…」となるはずです。ひょっとしたら、痛みを感じるような気すらするでしょう。

あるいは遊園地で、ジェットコースターに乗っていて楽しそうにしている人を見ると、見ている自分も楽しい気分になってくるはずです。彼らの感情が移っているのです。バラエティー番組を見るのが楽しいのも同じ理屈で、アトラクションをクリアして「成功した！」と喜んでいる出演者を

見ると、自分も「やった！」と思うものです。
このように、感情は伝染します。無表情で事務的に話をするのではなく、喜怒哀楽の感情を込めて話をするようにしてください。

## 緊張は隠す

ただ、注意点が1つあります。プレゼンをする時、もし緊張するならば——緊張すること自体は問題ありません——その緊張を表に出さないこと。一国の首相や大統領が自信なさげに記者会見の場に出てきて、「国民の…皆さん、えーと…ああ緊張する…」と言わないのと同じです。

聞き手は話し手のあなたが緊張していることを知りません。自分で緊張をほぐそうとしているのか、はたまた強がっているのか、自ら「自分は緊張しています」と言う人がいますが、逆効果です。聞き手一人ひとりが少しずつこわばってしまい、会場全体が緊張感に包まれてしまいます。表に出すのは、自信と「プレゼンの場を楽しんでいる」という気持ちです。そうすれば、聴衆も同じように感じます。

ライブに行った時を思い出してみてください。音質はCDの方が明らか

写真：Matthew Lloyd / Getty Images

にいいのに、どうして生の演奏を聴きに行くのでしょうか？　出演者や周りの観客の感情と〝同調する〟ために行くのです。喜怒哀楽の感情や、興味、興奮、情熱…様々な感情を見せるようにしましょう。

## データの説明も、情熱的に

感情を豊かに表現し、情熱的にプレゼンするとはどういうことか。ここでいい例をお見せしましょう。ハンス・ロスリング博士（上）という医師のプレゼンを参考にしてみてください。彼のプレゼンの様子は、ＴＥＤの公式サイトで見られます。「ハンス・ロスリング　ＴＥＤ」で検索してみてください。

彼は医者でプレゼンにはたくさんのデータを使うのですが、とにかくとてもエネルギッシュです。冷静に淡々と説明する――では、全くない。とても元気で熱中して話すから、聞いている人も熱中しています。

WATCH THE TIME
時間に気をつける

## 持ち時間は〝腹八分目〟で終える

気持ちを込めて、情熱的にプレゼンした時に起こり得る「プレゼンの持ち時間オーバー」問題について、押さえておきましょう。自分に与えられた持ち時間をオーバーすることは、絶対に避けるべきです。「持ち時間ジャスト」で終えるのが格好いい、ということでもありません。「持ち時間終了」までに少し余裕を持たせてプレゼンを終わらせるのが、スマートであり、ベストです。ほら、日本には「腹八分目」という素敵な言葉があるではないですか（笑）。

冗談はさておき、例えば持ち時間が20分なら19分程度で終わらせましょう。1時間なら、55分程度で切り上げるべきです。

時間に余裕を持たせたプレゼンを私が勧めるのは、「プレゼンに臨む聴衆の集中力」が変化するからです。といっても、聞き手の集中力は次ページ上のグラフのようには変化しません。大抵の人は、「聞き手が話に集中している度合い」（青い線）は、このような変化をたどると思っていますから、驚かれるかもしれませんね。

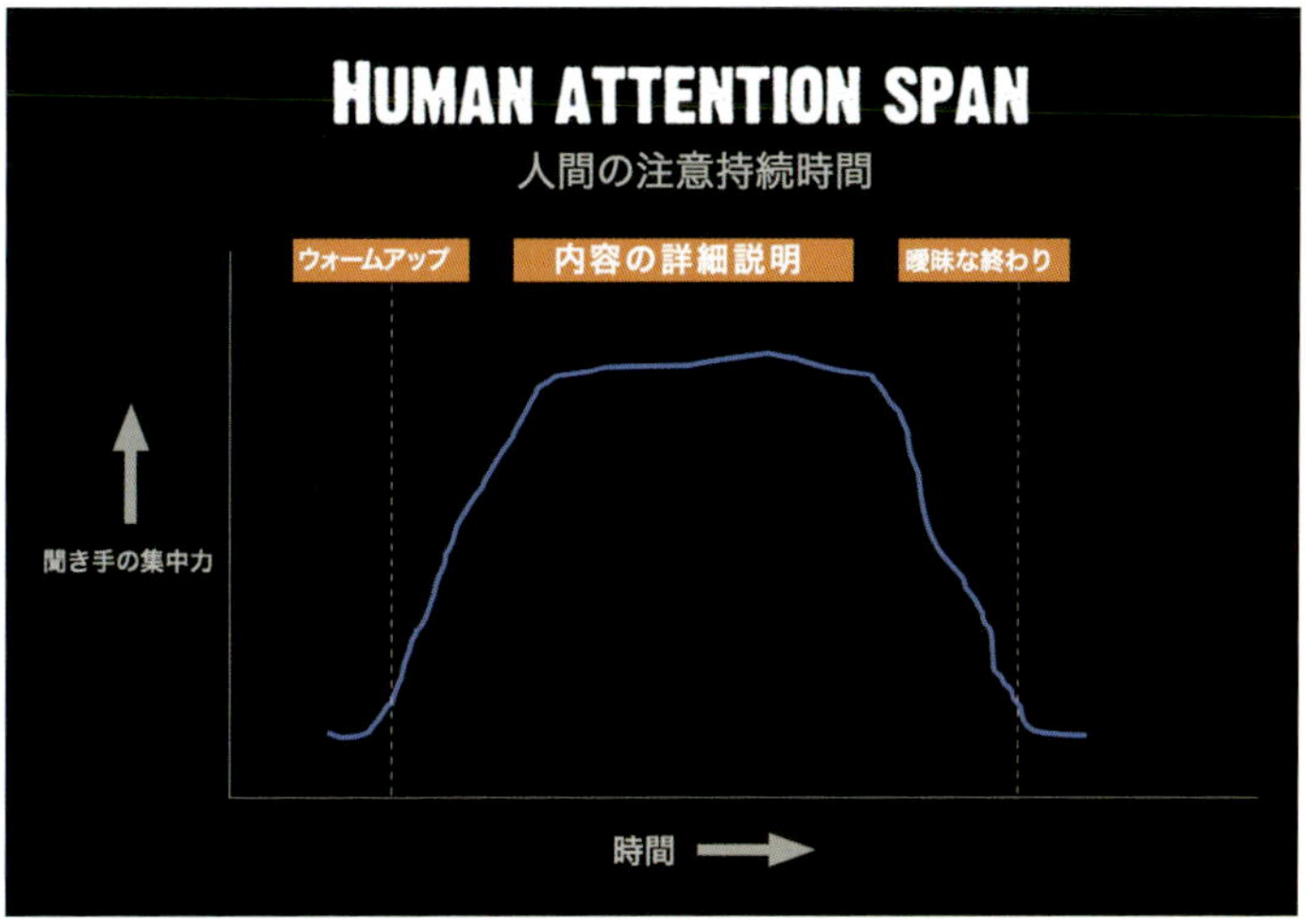
HUMAN ATTENTION SPAN
人間の注意持続時間
ウォームアップ
内容の詳細説明
曖昧な終わり
聞き手の集中力
時間

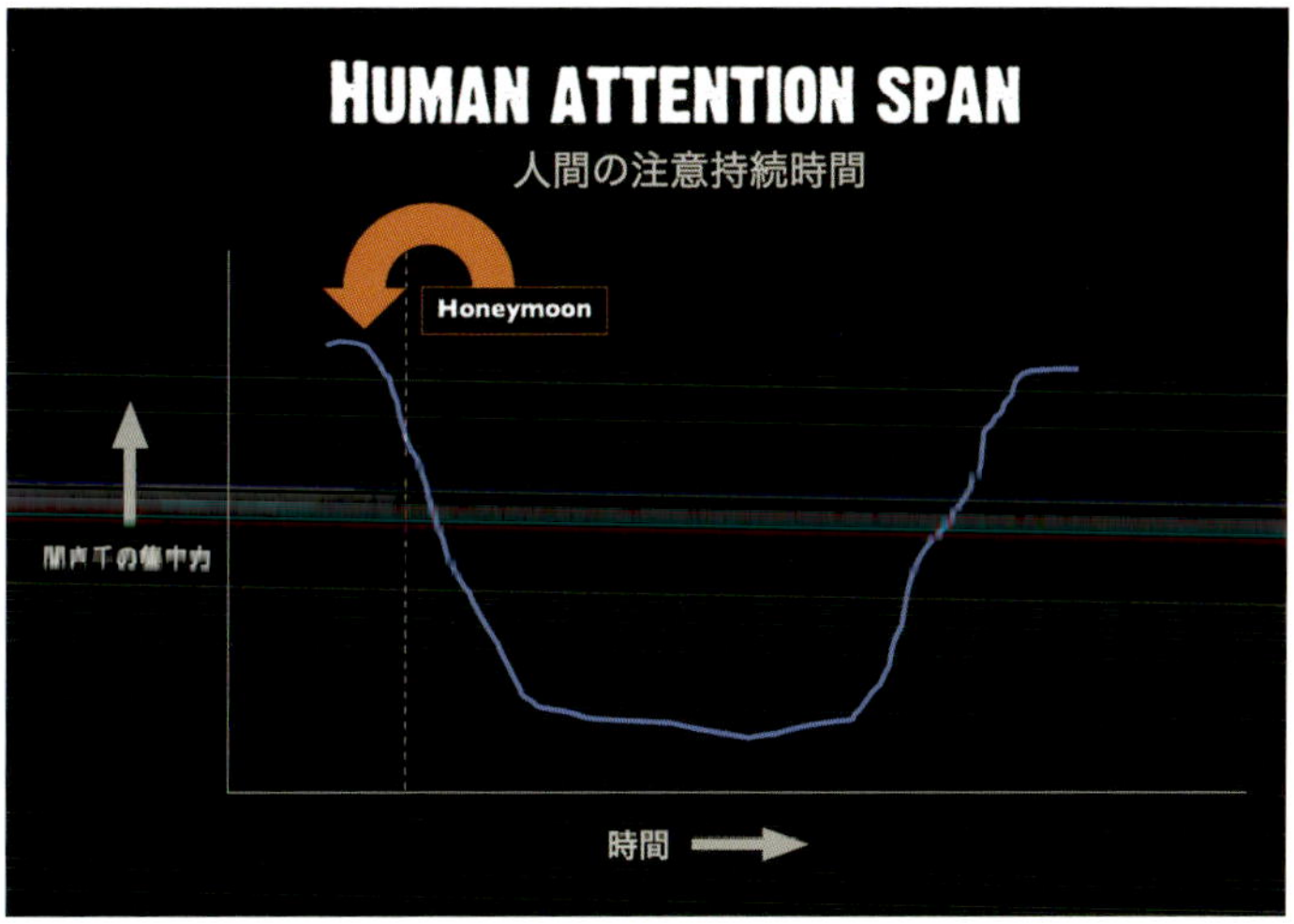
HUMAN ATTENTION SPAN
人間の注意持続時間
Honeymoon
時間

プレゼンの冒頭は低かった「集中力」が次第に上がり、高まったレベルを維持し、終盤になると下がり出す——。実に素晴らしい聞き手です。

しかし残念ながら、このような聞き手はなかなかいません。集中力の実際の推移は、先ほどのグラフと逆になります（前ページの下のグラフ）。高い集中力を発揮するのは、プレゼンの冒頭だけ。まるで新婚夫婦がお互いに対して持つ愛情のようです（笑）。私はこの冒頭の時間帯を「ハネムーン期」と呼んでいます。

プレゼンの聞き手も、始まった当初は熱心に聞くのです。しかし、集中力は徐々に下がっていく。そして最後に近づくと再び上がります。プレゼンの話し手が「以上で終わります」と締めくくるあたりですから、皮肉なものですね。きっと、「よし、ようやくランチだ」となるのでしょう。

聞き手の集中力の実態を知れば、プレゼンは持ち時間より長かったり、ジャストだったりするよりは、短めにした方がいいのがよく分かると思います。ウオーミングアップの雑談なんて要りません。最初から、遠慮なくあなたのストーリーを聞き手に披露してください。

# 〝恐怖〟の質問タイムの切り抜け方

プレゼンの最後に設ける「聞き手の質問タイム」が苦手な人は多いですね。「聞き手は何を質問してくるのだろう」「答えられなかったら、どうしよう」。こうした不安が、プレゼンを控えた話し手の頭の中をグルグルと回るようです。

最初の「聞き手が何を聞いてくるかが分からない」という不安についてですが、そう思うのはプレゼンの名手・スティーブ・ジョブズ氏ですら同じはずです。しかし、それに備えることはできます。プレゼンの準備段階で、想像し得る「聞き手の反論や質問」を洗い出してメモに書き、その答えを考えておくのです。

全く予期しなかった質問に対しては、
「その質問に対する答えは、分かりません」
と、正直に答えて構いません。何と答えたらいいか分からないからといって、取り繕ったり、ごまかしたりしてはいけません。話し手も、すべてを知り尽くしているわけではありません。そう考えると、「聞き手の質問タイム」に対する恐怖は和らぐはずです。

質問を投げかけてくる大多数の話し手は、誠実な人です。もしもその場で話し手のあなたが答えられなかったら、後で調べて回答することを約束したり、その答えが分かる人を紹介したりしましょう。

あなたも誠実な態度で応じれば、プレゼンで話した〝ストーリー〟の価値が下がることはありません。

# 「その質問に対する答えは、分かりません」

## 改善の繰り返しで ストーリープレゼンを実践し続ける

さて、これまでに「ストーリーテリング」について、いろいろなお話をしてきました。恐らく、皆さんこう思っているでしょう。「自分のプレゼンに取り入れて、良くするには時間がかかりそうだな」と。

そうですね、時間がかかるかもしれません。一朝一夕にできるものではないのは確かでしょう。しかし、何とかしてその時間を見つけて、挑戦してみてください。それが一番大事です。

「改善」という言葉が、私は大好きです。一歩ずつ、少しずつ良くしていこうとするやり方で、急に良くなる必要はありません。人生は、毎日少しずつ良くしていくことができます。それが私たちの旅なのです。段階的に少しずつ、毎日、毎週、毎月…その積み重ねです。

ペンギンも大好きです。いつも白シャツ、黒ジャケットを着て正装しているところには敬意を表します（笑）。と、これは冗談ですが、ペンギンはとても日本的なものの象徴だと思っています。なぜなら、日本人もペンギ

Nana korobi ya oki
七転び八起き
Fall seven times, get up eight.

ンも決して諦めないからです。

「七転び八起き」ということわざがありますね。ペンギンはあまり歩きが得意ではなく、よく転ぶんです。でも、すぐに立ち上がります。

**Never Give Up!——決して諦めない！**

**皆さん、ペンギンのようになりましょう。**

# LESSON 5

## 効果的な話し方を知る

### 自分を表現する

Point 1

**聞き手一人ひとりの"目"を見る**

自分を表現する第一歩は、「アイコンタクト」。プレゼン中は、話をしながら、聞き手一人ひとりと目を合わせることを心がける。聞き手が大勢いても、まるで1対1で話しているかのような親近感が生まれる。

Point 2

**喜怒哀楽を自然に表現する**

「公の場でやるプレゼンは、冷静に淡々と進めるのがスマート」と考えるのは、誤り。喜怒哀楽の感情を込めて話をする。オーバーにする必要はなく、知り合いに話しかけるような自然体で表現しよう。

Point 3

**緊張していることは、"告白"してはいけない!**

「自分が緊張していること」は隠すべき。緊張していることは、"告白"しなければ聞き手は分からないので、口にしてしまうと逆効果だ。その緊張が会場に伝わってしまう。

### プレゼンの終わり際

Point 1

**持ち時間に少し余裕を持たせて終える**

聞き手は集中できる時間が限られているので、「プレゼンは持ち時間を超えることがないようにする」のが鉄則。時間に余裕を持たせて終え、残りは質疑応答などに使って、聞き手がきちんと理解できたことを確認しよう。

Point 2

**答えられない質問には「分かりません」と素直に答える**

質疑応答で答えられない質問をされたら、「分かりません」と答える。その代わり、後で調べて回答するなどして、できる限りの対応を取る。ただし、これは最後の手段。プレゼンの準備段階で、想像し得る「聞き手の反論や質問」を想定して、その答えを考えておこう。

PART7

# Q&A

## 質疑応答

この章では、皆さんがストーリープレゼンでつまずくであろう悩みにお答えします。紹介する7人の悩みは、皆さんも共感されるのではないでしょうか。ぜひ参考にしてください。

## ①プレゼンソフト

**Q**

**レイノルズさんはアップルのプレゼンソフト「キーノート」を使っているからか、素晴らしいデザインのスライドが次々に披露されて、思わず引き込まれます。しかし私は普通の会社に勤めているので、オフィスで使っているのは「パワーポイント」です。私物のパソコンで「キーノート」を使ってスライドを作った方が、やはりいいのでしょうか。**

**A**

**スライドの仕上がりと、プレゼンソフトに関係はありません。「ホワイトボードに手書き→撮影写真をスライドにする」手法に挑戦してみましょう。**

「どのプレゼンソフトを使うのが正解か」。そうしたことに頭を悩ませる必要はありません。「プレゼンソフトとスライドの仕上がりは、関係ない」と

断言できます。パワーポイントも、スライド作りに役立ちます。持っている機能の99%を無視すれば、の話ですが（笑）。しかし、それはキーノートも同じです。ひいき目に見て、無視する機能は50%程度でしょうか。

誤解のないようにお伝えしておくと、私はマイクロソフトもアップルも大好きです。私の友人も大勢働いていますしね。しかし、パワーポイントやキーノートを使わないといけない理由は、どこにもありません。

そう、あらゆるプレゼンソフトが備える機能のほとんどは「要らない！」と、私は声を大にして言いたいのです。スライド作りで大事なのは、「聞き手を引き込む魅力的な写真」であり、「シンプルで、一目で理解できるチャートやグラフ」です。それを達成するために、聞き手に伝えたい内容に一番マッチする写真を厳選したり、写真がなかったら自分で撮影したり、あるいはチャートやグラフのムダを極限までそぎ落とす作業に没頭したり…。どれも話し手のあなた自身でできることですよね？　プレゼンソフトの機能が立ち入る隙はありません。

どこのプレゼンソフトがいいのかが気になったり、ソフトの操作に手間

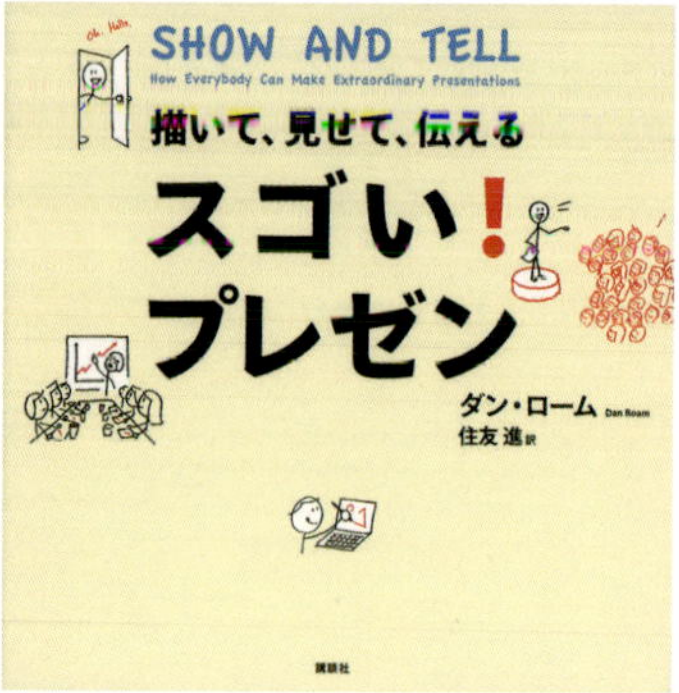


取ってスライドの準備に集中できなかったりするくらいなら、プレゼンソフトを使うのはやめて、ホワイトボードを活用してください。

「パソコンがないと、何もできない」？ そんなことはありません。聞き手に伝えたいことをホワイトボードにすべて書いて、それを写真に撮って、スライドにすればいいのです。

このアプローチを選んだ場合、「大きなホワイトボードに、文字やイラストをどう書くか」という問題にぶつかると思います。美しい絵である必要はありません。気楽にさっと書いてみてください。「これで、聞き手は分かってくれるだろうか?」と考えながら、気持ちを込めて丁寧に書けば十分です。

ヒントをお教えすると、ビジュアルシンキングの達人である米国のダン・ローム氏の本『描いて、見せて、伝える スゴい！ プレゼン』（講談社）が参考になります。彼は、「ビジネスシーンで絵を描くことの重要性」や「その方法」について教えています。興味がある方は手に取ってみてください。

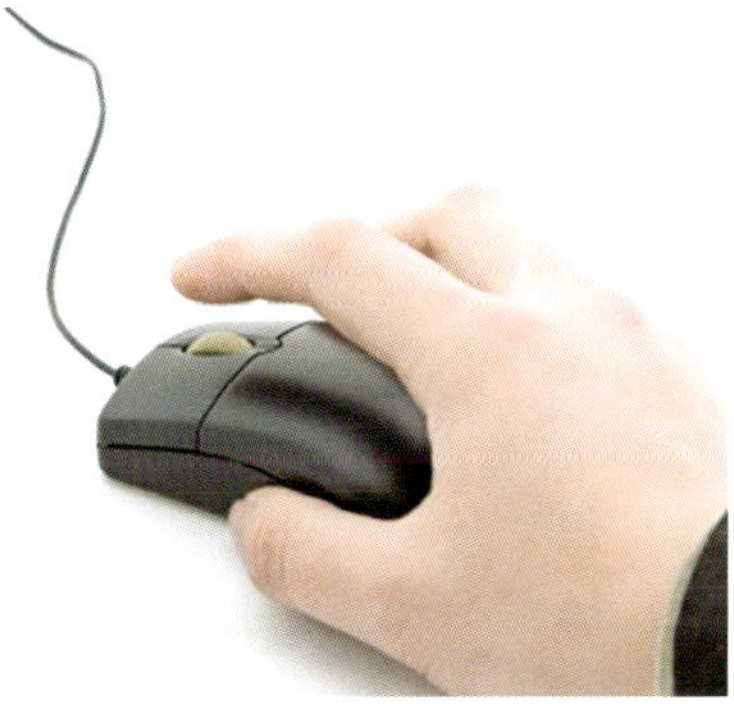

## ②画像の探し方

Q スライドに載せる画像を探すのに、いつも手間がかかって仕方ありません。探している画像が「抽象的なコンセプト」を表現する場合、深夜までかかった揚げ句に結局見つからなくて、文字だけで済ませざるを得ないこともしばしば…。画像を探すコツと、お薦めの入手先があれば教えてください。

A 画像を探すより、求める写真を自分で撮影した方が、自然でベストな1枚になります。

「質が良い画像やイラストは、どこで調達すればいいのか?」という質問は、よく聞かれます。皆さん、お悩みのようですね。

私の場合、かつては大手のフォトサービスを利用していました。入手できる画像は、どれも素晴らしかったですね。しかし、フォトサービスはなるべく使わない方がいいと思います。当たり前なのですが、お金がかかりますから。フォトサービスをフル活用すると、後で請求金額を見て腰を抜

かします（笑）。１枚の画像が、平気で数万円しますからね。自分の財布ではなく、会社の経費であっても――いや、会社の経費だからこそ、かもしれません――気楽に利用できるサービスではなくなりました。

利用用途を制限しているなど、守るべき権利関係があれば、なおさらです。万が一、その注意書きを見落として守れなかったら、大変な事態になりかねないことは、皆さんも想像がつくでしょう。

では、どうするか？

先ほどの **①プレゼンソフト** でも触れましたが、自分で写真を撮ったり、イラストを書いたりするのは、いかがでしょう？ 大学の私の教え子たちは、紙やホワイトボードに書き、それを写真に撮ってスライドにしています。もちろん上手ではありませんよ。しかし、作り手の頭の中にある「イメージ」にかなり近いものを描けるのです。同じことをフォトサービスで実現しようとすると、質問者のおっしゃる通り、イメージにぴったりの１枚が見つからず、時間だけが過ぎてしまいます。

フォトサービスには、ほかの問題もあります。「〝写真っぽい〟写真」

「〝イメージイラストっぽい〟イメージイラスト」です。例えば「父親と娘」の写真をフォトサービスで入手するとします。さっと、「父親は超がつくハンサムで、娘も愛らしく天使のよう。構図も差し込む光も完璧で、申し分ない」――しかし、あまりに良すぎて不自然です。

自分がフォトサービスを利用していた時代のスライドを見返すと、「いまいち」と思うものがあります。当時は気づかなかったのですが、見返すとそんな気がします。「父親と娘」の写真を用意したいなら、自分の家族や知人の家族に許可を取ったり、公園で遊ぶ人たちにお願いをしたりして撮影した方がいい写真を手に入れられます。

現代は「1人1台スマートフォン」の時代ですから、プライベートと同じように、仕事のプレゼンでも写真を気軽に撮影しましょう。写真をどんどん撮れば、「撮影スキル＝ビジュアルリテラシー」を少しずつ身につけられます。有名映画監督のジョージ・ルーカス氏は、「ビジュアルリテラシーを学校で教えるべきだ」と言っているくらいです。

手始めの撮影には、家族をモデルにした写真がお薦めです。私も家族の写真をこれからもっと使うつもりです。

## ③スライドの枚数

**Q 聞き手を自分のプレゼンに引き込むためには、スライドや画像は何枚用意するのがベストですか？**

**A 「正解の枚数」を気にするのはやめましょう。**

物事を学ぶ時に「型」から学ぶことは有効ですが、ストーリープレゼンにおける「スライドや画像の枚数」については、該当しません。

頂いた質問に対する私の答えは、禅問答のように聞こえるかもしれませんが、「それは間違った質問です」。この場がお寺で質問者が修行中だったら、警策（座禅を組んでいる修行者の肩や背中を打つための棒）で喝を入れられるかもしれません。

「良いプレゼンにするために、スライドや画像を○枚使おう」と考えることは、映画監督が「良い映画にするために、シーンを○つにしよう」と考えるのと同じです。「良いプレゼン・良い映画か」ということと、「スライドや画像・シーンが、何枚・いくつあるか」は関係ありません。

### 気にすべきことは、Aの問いかけ

**A**
いいストーリーの流れになっているか？
ストーリーとして成り立っているか？
山や谷はあるか？
同じ状況が延々と続いていないか？

＞ B
スライドは何枚必要？
画像は何枚あればOK？

皆さんは映画を見ていて、「わあ、シーンがいっぱいだ」とは思いませんよね。映画は、シーンが何百もあるものも、ほんの少ししかないものも、両方あります。しかし、映画を楽しんでいれば、シーンの多い・少ないは気にならないのです。これはプレゼンも同じで、良いプレゼンであるほど、「スライドや画像が多かったか、少なかったか」を、聞き手は気にしないはずです。もしも聞き手が退屈に感じていたら、「ああ、スライドをたくさん使っているな」と、枚数に気づくかもしれませんが。

「作りかけのプレゼン資料に、スライドを何枚使ったか」と気にする時間があるくらいなら、「いいストーリーの流れになっているか」「そもそも、ストーリーとして成り立っているか」「山や谷はあるか」「実は同じ状況が延々と続いていて、聞き手を飽きさせているということはないか」といったことに注意を向けてください。

# And
# But
# Therefore

**④最後の手入れ**

**Q プレゼンを数日後に控えて、スライド資料をいったん仕上げました。ここからプレゼンまでの短い間で、改善する方法はありますか？**

**A 「And＝そして」が多くないか、「But＝しかし」と「Therefore＝だから」のセットが、いくつも出てくるか。これを確認しましょう。**

なるほど、プレゼンまでに時間の余裕がない、切迫した状況ということですね。本書でご紹介したように、聞き手を説得できるストーリープレゼンには様々なコツがありますが、それらを全部やるには、ある程度の時間を割く必要があります。しかし、大丈夫です。残り少ない時間でも、やれることはあります。

「ABT」というやり方をご紹介しましょう。米国の人気アニメ番組「サウスパーク」やブロードウェイのミュージカル「The book of Mormon」

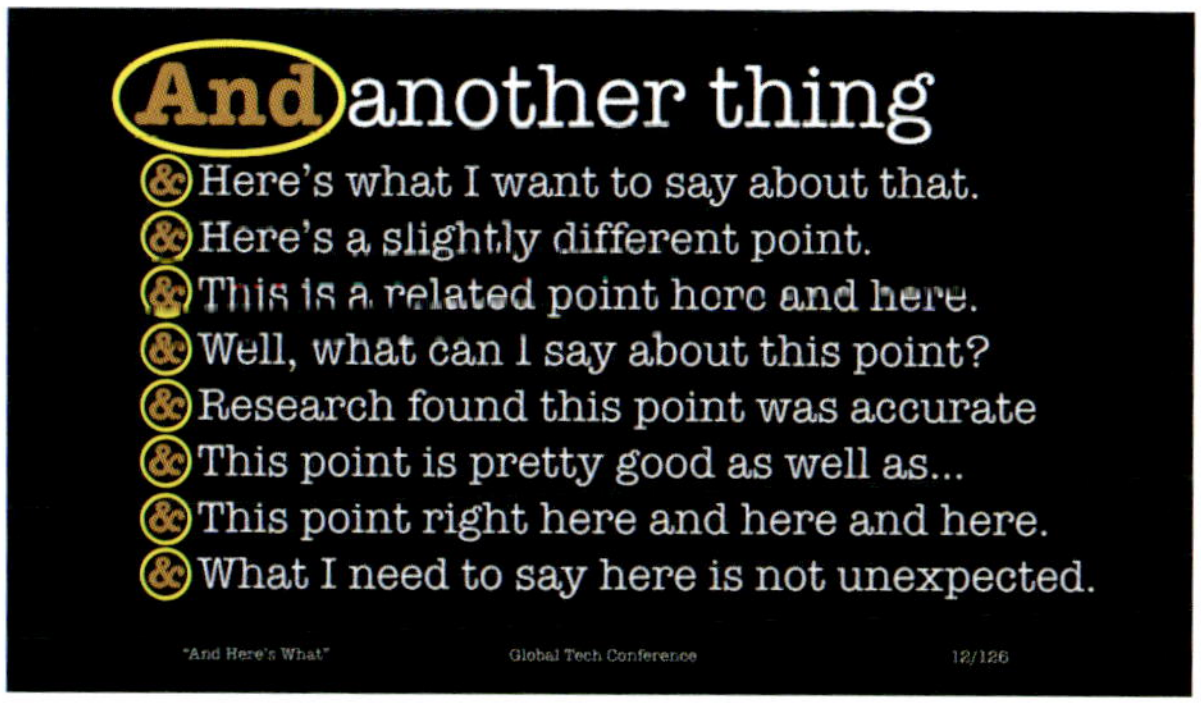


の脚本を手がけた2人のプロデューサーが編み出したアイデアです。何せ彼らは毎週、テレビ番組のアイデアを出さないといけません。しかし、ゼロからストーリーを作ることを繰り返すのは骨が折れる作業です。

この問題を解決するために生まれたのが、これからご紹介するフォーマット「ＡＢＴ」です。Ａは「Ａｎｄ＝そして」、Ｂは「Ｂｕｔ＝しかし」、Ｔは「Ｔｈｅｒｅｆｏｒｅ＝だから」を指します。

人を引き込まないストーリーは、「Ａｎｄ＝そして」を乱発しているものです。「私は犬が好きだ。（そして）犬を飼っている。（そして）犬の名前はポチだ。（そして）ポチは散歩が大好きだ。（そして）…」。Ａｎｄは状況設定に使われますが、1つ、また1つとどんどん加えていくと、聞き手は退屈します。

本当に大事なのは、「Ｂｕｔ＝しかし」です。「Ａｎｄ＝そして」は必要最低限に抑えましょう。例えば、「（しかし）そんなある日、ポチが人間の言葉をしゃべった」と、問題を起こすのです。これがストーリーの根幹になります。続けて、「Ｔｈｅｒｅｆｏｒｅ＝だから（こうなった）」と受ければ、聞き手はストーリーに引き込まれるのです。

# Therefore... But

2人のプロデューサーは、ストーリーを検討する時、いつもこの「ABT」発想を物差しにしたと言います。

「And＝そして」ばかりが続いていないか？　視聴者を退屈させないタイミングで、「But＝しかし」「Therefore＝だから（こうなった）」がきちんと登場して、そこから新しい展開を生み出しているか？

こうして検討を重ねたからこそ、彼らが世に送り出した数々のストーリーは受け入れられたのです。

あなたの手元にあるスライド資料は、いかがでしょうか？「And＝そして」ばかりが登場していないでしょうか。なかなか「But＝しかし」にたどり着かないのであれば、「And＝そして」をコンパクトにしてください。「But＝しかし」「Therefore＝だから」の繰り返しが、ストーリーの「山」をいくつも作り、聞き手を引き込むのです。

## ⑤手ごわい敵

Q 会議で主張したい内容に対して、聞き手になかなか関心を持ってもらえません。好意的ではない態度を取られることすら、あります。共感してもらうには、どうすればいいでしょうか。

A 反発する聞き手は〝必ず〟います。反発する理由を前もって想像しておき、それを解消する方法を情熱的に伝えましょう。

皆さんに知ってほしいのは、「反発する聞き手が必ずいる」という事実です。ストーリープレゼンに臨む時は、この点をしっかり踏まえましょう。

話し手のあなたができることは、「なぜ聞き手は反発するのか」と想像することです。その聞き手になったつもりで考えると、様々な理由が挙がります。その反発を解消する方法を、データなどの論理的根拠を添えて示すと、反発していた聞き手の態度は軟化するはずです。

聞き手の背中をさらに押し、あなたの主張に共感してもらうには、粘り強く説得を続けて熱意を見せることも有効です。「PART6 話し方」でご紹介したように、情熱的に伝えることを意識してください。

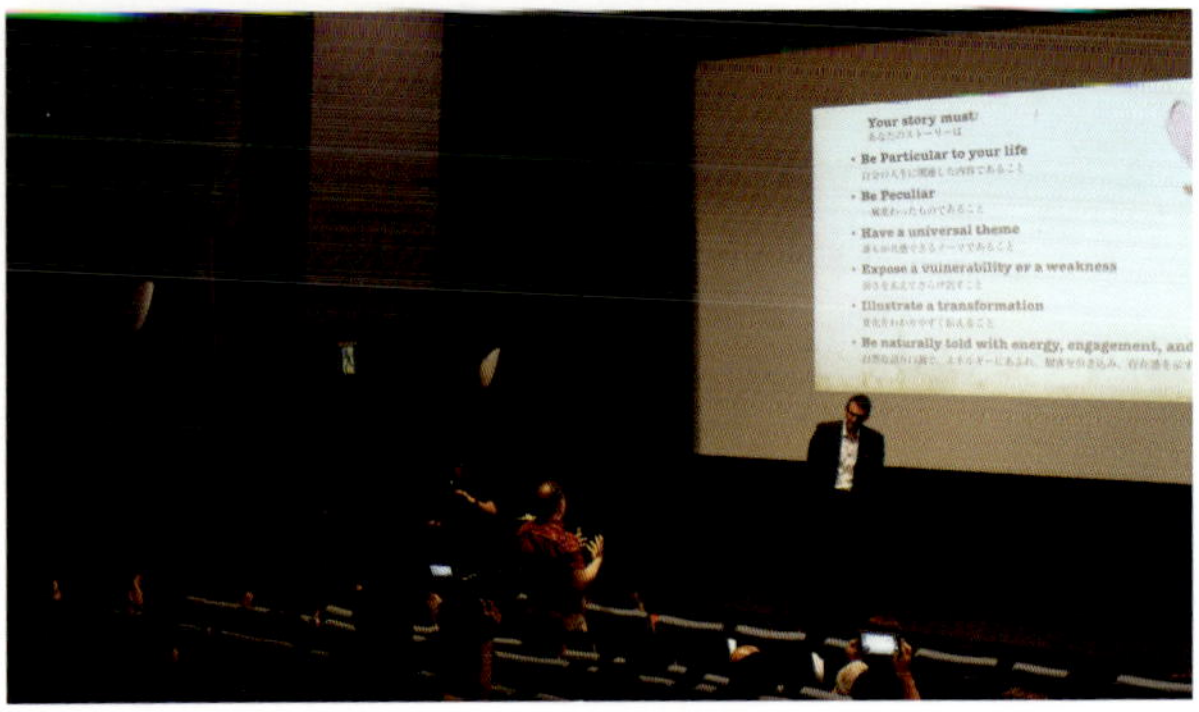


## ⑥ストーリーを伝えたい

**Q アイデアや商品を売るビジネスプレゼンではなく、ただ「ストーリー」を語りたい時があります。うまくいくヒントがあれば教えてください。**

**A 「共感」「ユニーク」「弱さ」で、聞き手の関心を誘ってください。**

「クライアントに商品を売りたいわけでもなく、アイデアを提案したいわけでもない。しかし、自分の経験に基づいたストーリーを誰かに話したい」のですね。素晴らしい！　もし現在のお仕事を辞めるのであれば、役者になることを目指すといいかもしれません（笑）。

あなたのお悩みに対しては、21ページでご紹介した「THE MOTH」というグループが、興味深いヒントを紹介しています。

何かを伝える時は、5分間でも30分間でも、自分の人生に関連づけることが求められます。そして、その「伝えたいこと」は、「自分に起こったこ

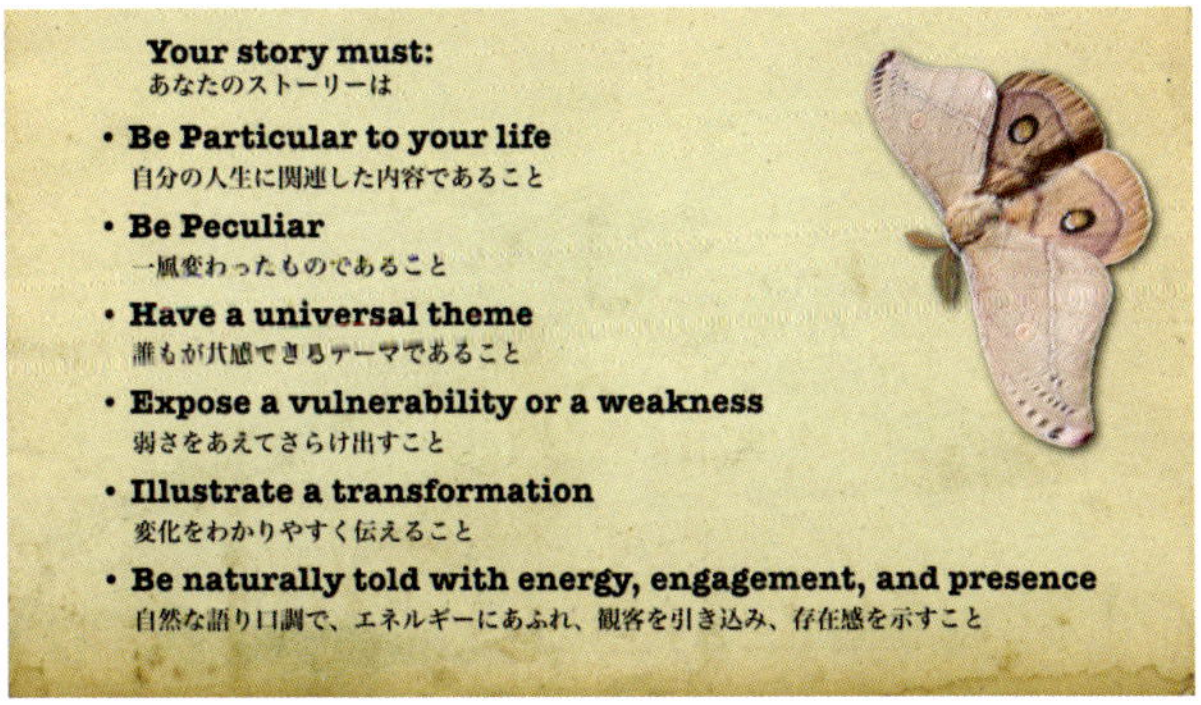


とではあるけれど、聞き手の皆さんにもいつか起こるかもしれない」という「共感を誘う」テーマである必要があります。

2番目の条件として、「一風変わったものであること」。「よくあること」ではダメです。例えば、「一生懸命勉強して、試験に合格しました」。これでは、聞き手の関心を集めるのは難しいでしょう。しかし、「全く勉強しなかったし、試験当日にひどい病気にかかってコンディションは最悪。さらに、試験会場に向かう道中でケガもした。でも100点を取った」なら、ストーリーです。ちょっと変な話でしょう？続きが聞きたくなりますよね。

そして、弱さをさらけ出すこと。スーパーマンやスパイダーマンでさえ、弱みや秘密を持っています。そしてそれを、人に知られたくない。弱みがない登場人物に、関心を持つ人はいません。人は〝ほかの誰かの弱さ〟に、興味を引かれる生き物なのです。

たくさんの研究結果が、「人の脆弱性の〝有効性〟」について研究しています。「誰かとつながりを持つために大事なのは弱さを見せることで、上司でも指導者でも、部下やメンバーに自分の弱さをあえてさらけ出すと、本当のつながりが生まれる」のだそうです。自分の弱さを見せることを、恥

習得するには時間がかかる
It takes time

時間を見つけて練習あるのみ
Find the time...

ずかしく思うかもしれません。でも、関心を持ってもらえるのは間違いないでしょう。自分に起きた変化を伝えることも、お忘れなく。

話し方も、もちろん重要ですね。自然体で、聞き手とつながり、楽しそうに振る舞うのがベストですが、完璧である必要はありません。スラスラ話せなくても大丈夫です。私がこれまでに見てきた素晴らしいストーリーテラーの中には、必ずしもスムーズに話せない人も大勢いました。しかし皆、〝本物〟でした。少し未完成な方が、スムーズで完璧に作られたプレゼンよりいいくらいです。

習得するには時間がかかります。練習と実践あるのみです。

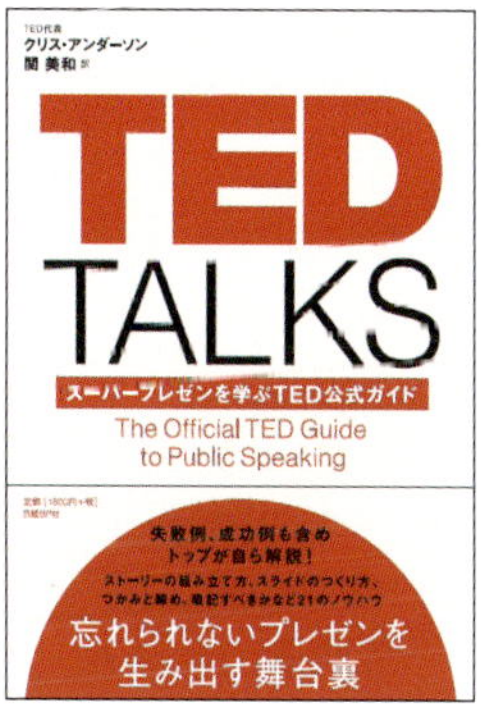


## ⑦大事なスキル

**Q プレゼンターにとって、最も大事なスキルは何ですか。**

**A 「自分」のエゴや欲はキレイに捨てましょう。**

私が最初に思いつくのは――これは人生においても必要ですが――共感力だと思います。プレゼンは自分のものではなくて、相手のためのものだと、しっかり考えること。TED代表のクリス・アンダーソン氏が書いた『TED TALKS』に、興味深いことが書かれています。

絶対にしてはいけないプレゼンパターンがあるというのです。詳しくは『TED TALKS』を読んでいただくとして、避けるべきは「プレゼンターが自己中心的になるケース」だとのこと。「一方的な売り込み」や「とりとめのない話」です。ベクトルが自分に向いていて、聞き手が置き去りになっています。

しかし、それではいけません。偉大な映画監督は、「聞き手が自分のことをスゴイ人物と認めているか」「注目を浴びているか」など、気にしません。いいストーリーを伝えたいだけです。

本書を通して、プレゼンに必要な技術・スキルについて、私が思うことをお伝えしてきました。これはとても大事なことで、ストーリープレゼンにおいて、欠かすことはできません。でもそれと同じくらい、「どうやったら、自分の伝える情報が人の役に立つか？人の手助けになるか？」と、「聞き手のことを真剣に考えること」も大事です。この考え＝共感力は、人生においても役立ちますしね。

## 著者

### ガー・レイノルズ
**Garr Reynolds**

米オレゴン州出身。1989年に初来日、その後、20年以上日本に住み、日本文化や哲学を研究し続ける。住友電気工業や米アップルの勤務を経て独立。プレゼンテーションの実施および指導における世界的な第一人者。スティーブ・ジョブス流のプレゼンに、日本文化の「禅」を融合させた手法は、“世界で最もシンプル”なメソッドとして名高い。企業向けの研修やコンサルティングのほか、世界中の企業や大学に招かれて、セミナーを開く。関西外国語大学の教授も務める。著書『プレゼンテーション Zen』は世界19カ国で発売され、28万5000部以上のベストセラーになっている。

# 著書

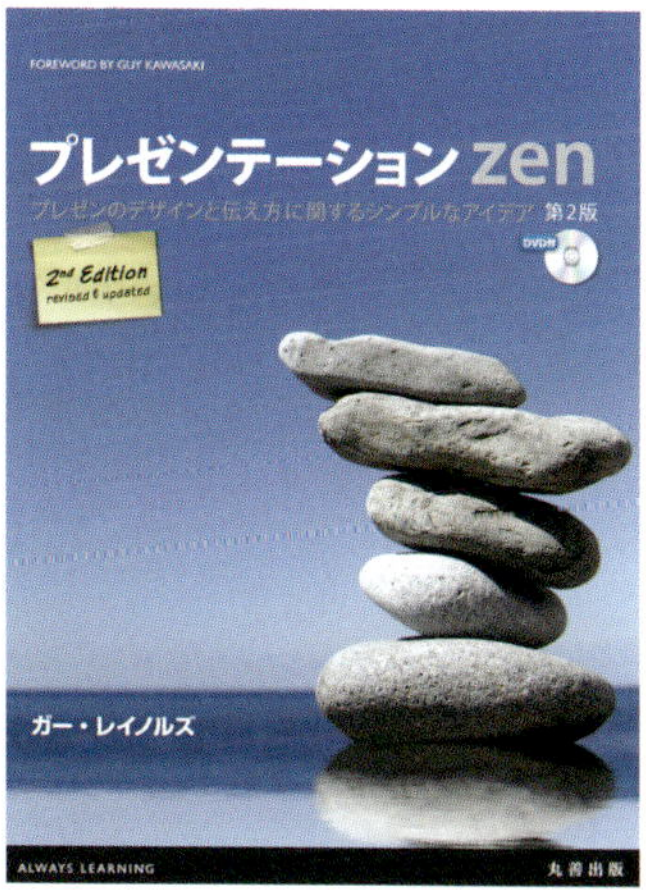


『プレゼンテーション Zen 第2版』
（丸善出版）

『プレゼンテーション Zen デザイン』
（丸善出版）

『裸のプレゼンター』（丸善出版）

『ガー・レイノルズ シンプルプレゼン』
（日経BP社）

# 世界最高のプレゼン教室

2016年12月27日　第1版第1刷発行

著　者　ガー・レイノルズ
発行者　高柳正盛
発　行　日経BP社
発　売　日経BPマーケティング
〒108-8646
東京都港区白金1-17-3
http://ec.nikkeibp.co.jp/
編　集　平田秀俊、飯泉 梓（日経ビジネスアソシエ）
装　幀　坂川朱音（krran/カラン）
写　真　竹井俊晴
制　作　アーティザンカンパニー
印刷・製本　大日本印刷株式会社



Printed in Japan
ISBN978-4-8222-3674-8